MY DREAM
DIARY BOOK

MY DREAM DIARY BOOK- 민트 에디션

초판 1쇄 발행 2016년 12월 15일
초판 3쇄 발행 2019년   4월   5일

지은이 | 백수연

펴낸곳 | 보랏빛소
펴낸이 | 김철원

기획·편집 | 김이슬
마케팅·홍보 | 박소영
디자인 | 박영정

출판신고 | 2014년 11월 26일 제2014-000095호
주소 | 서울특별시 마포구 월드컵북로6길 60, 203호
대표전화·팩시밀리 | 070-8668-8802 (F)02-323-8803
이메일 | boracow8800@gmail.com

오늘도 반짝반짝 빛나는 꿈으로 가득한

_____ 에게

하루의 계획은 '새벽'에 세우고,

일 년의 계획은 '봄'에 세우고,

일생의 계획은 '청소년'기에 세운다.

- 명심보감 -

1년 365일 3년 동안
1,095개의 꿈과 만나는
소중한 시간

청소년 시기는 일생의 계획을 세우고 꿈을 찾는 시기라는데 참 어렵지?
토닥 토닥!
바쁜 학업 때문에 자신의 꿈에 대해 생각해볼 여유도 기회도 없는
너를 위해 이 'My Dream Diary Book'을 준비했어.
이 다이어리는 하루에 하나씩 내 자신에게 질문을 던지고 답하면서
스스로 꿈을 찾아가는 과정을 기록할 수 있는 나만의 책이야.
소소한 일상에 대한 질문부터 나와 관계를 맺는 사람들,
꿈과 배움, 나에 대한 인문학적인 질문까지
5개의 테마로 구성된 365개의 질문에 대한 답을 기록하다 보면
어느덧 나의 진짜 모습을 발견하고 꿈을 찾을 수 있을 거야.
'꿈'은 내가 살아가는 이유를 만들어주고,
스스로를 지킬 수 있는 단단한 원동력이 된단다.
이 다이어리는 누군가에게 잘 보이기 위한 것이 아니니까
나 자신에게만큼은 솔직하게 나의 마음을 표현하고 털어놔도 돼.
하루에 하나씩 3년간 1,095개의 질문에 답을 해봐.
3년 후, 꿈과 조금 더 가까워져 있을 내 모습을 기대하며 말이야.
꿈쌤이 늘 너를 응원할게!

_꿈쌤 백수연

01
January

02
February

03
March

04
April

05
May

06
June

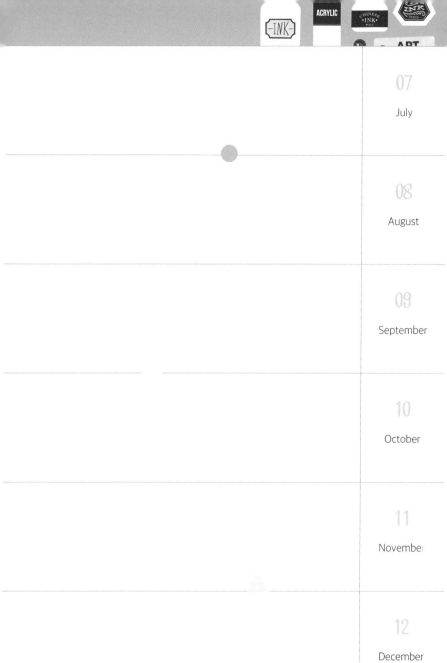

01
January

02
February

03
March

04
April

05
May

06
June

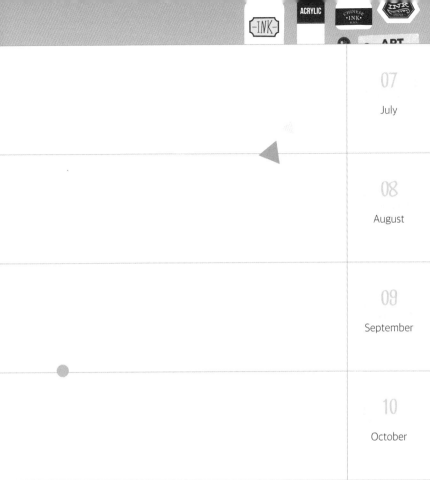

01

January

02

February

03

March

04

April

05

May

06

June

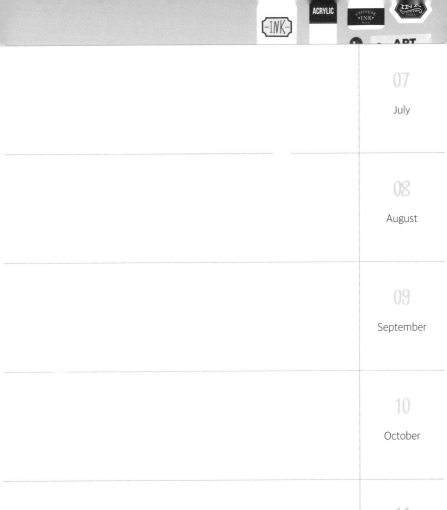

MY DREAM LIST

한 해 동안 이루고 싶은 꿈을 적어 봐!

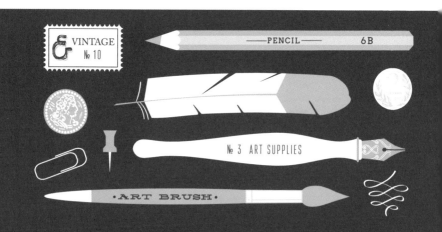

20

1

2

3

4

5

6

7

8

9

10

20

1

2

3

4

5

6

7

8

9

10

20

1
....

2
....

3
....

4
....

5
....

6
....

7
....

8
....

9
....

10

MY DREAM
DIARY BOOK

 MANUAL

① 오늘 날짜에 해당하는 페이지를 펼치고 올해의 년도를 적은 뒤,
   질문에 관한 나의 생각을 자유롭게 기록합니다.

② 한 해가 지나면, 1년 전 오늘 내가 어떤 꿈을 꾸고 있었는지,
   어떤 생각과 마음을 가지고 살았는지 돌아보며, 또다시 오늘의 마음을
   기록합니다.

③ MY DREAM DIARY BOOK이 다 채워지고 나면,
   3년에 걸쳐 더욱 반짝반짝 빛나게 된 나의 꿈을 발견할 수 있습니다.

JANUARY

새해 첫날이야. 뭐했어?

20

. . . .

. . . .

20

. . . .

. . . .

20

. . . .

. . . .

꿈쌤의
토닥토닥 말풍선

새해가 밝았어. 새로운 마음으로 한 해를 힘차게 시작해볼까?

JANUARY

나를 한 문장으로 표현한다면?

20

. . . .

. . . .

20

. . . .

. . . .

20

. . . .

. . . .

꿈쌤의
토닥토닥 말풍선

나 이런 사람이야! 자신 있게 나를 소개할 수 있는 한 문장을 만들어봐.

JANUARY

요즘 나에게 가장 큰 힘이 되는 사람과 그 이유는?

20

20

20

지금 그 사람에게 고마운 마음을 전하는 문자 한 통 보내는 건 어떨까?

JANUARY

새해에 꼭 이루고 싶은 계획 3가지는?

20

20

20

꿈쌤의
토닥토닥 말풍선

계획을 세우는 것은 참 중요해.
올해는 세운 계획 다 지킬수 있도록 도전해보자!

JANUARY

내가 공부하는 이유는?

20 ....

....

....

20 ....

....

....

20 ....

....

....

꿈쌤의
토닥토닥 말풍선

공부가 처음부터 즐거운 사람은 아마 없을 거야.
그래도 내가 공부해야 하는 목적이나 이유를 만들면, 조금은 즐거워지지 않을까?

JANUARY

요즘 즐겨 듣는 노래는 뭐야? 좋아하는 후렴구를 적어봐.

20

20

20

7

JANUARY

내가 가진 최고의 장점은?

20

20

20

꿈쌤의
토닥토닥 말풍선

누구에게나 장점은 있어. 장점이 생각나지 않는다면 아직 발견하지 못한 것 뿐이야.
온전히 내 안에서 내가 가진 장점을 찾아봐.

JANUARY

나의 인간관계는 어떤 편이야?

20 ....

....

....

20 ....

....

....

20 ....

....

....

꿈쌤의
토닥토닥 말풍선

가족, 친구, 선생님, 지인, 스쳐 지나가는 사람 모두 내 삶에 중요한 영향을 미친단다.
평소에 나는 내 주변 사람들과 어떤 관계를 맺고 있는지 체크해봐.

JANUARY

왜 꿈을 가져야 한다고 생각해?

20

20

20

꿈쌤의
토닥토닥 말풍선

꿈은 나를 빛나게 해주는 신기한 힘을 가지고 있어. 꿈의 힘을 한번 믿어봐.

JANUARY

가장 좋아하는 과목은?

20

. . . .

. . . .

20

. . . .

. . . .

20

. . . .

. . . .

**꿈쌤의
토닥토닥 말풍선**

좋아하는 과목은 내 꿈과 연결되기도 해. 내가 어떤 과목에 흥미가 있고 좋아하는지 관찰해봐.

JANUARY

지금 이 순간 실시간 검색어 1위는?

20

. . . .

. . . .

20

. . . .

. . . .

20

. . . .

. . . .

꿈샘의
토닥토닥 말풍선

지금 이 순간 가장 핫한 이슈를 기록해봐.

JANUARY

고치고 싶은 단점이 있다면?

20

· ·

· ·

20

· ·

· ·

20

· ·

· ·

**꿈쌤의
토닥토닥 말풍선**

자신이 가진 단점을 숨기고 외면하기보다는
오히려 인정하고 받아들일 때 새롭게 시작할 수 있어.

JANUARY

오늘 엄마랑 나눈 대화는 어떤 내용이야?

20 ....

....

....

20 ....

....

....

20 ....

....

....

JANUARY

어떻게 하면 내가 세운 계획을 지킬 수 있을까?

20

20

20

JANUARY

시도하지 못해 후회한 일이 있다면?

20

. . . .

. . . .

20

. . . .

. . . .

20

. . . .

. . . .

꿈쌤의
토닥토닥 말풍선

망설이고 있는 일이 있다면 일단 포기하지 말고 도전해봐.

하지 못해 후회하는 사람보다, 해보고 후회하는 사람이 지혜로운 사람이란다.

JANUARY

요즘 가장 즐겨 보는 TV 프로그램은?

20

20

20

꿈쌤의
토닥토닥 말풍선

예능, 음악방송, 드라마 등 좋아하는 TV 프로그램을 기다리는 재미도 쏠쏠하지?

JANUARY

최근에 가장 행복하다고 느낀 순간은 언제야?

20

20

20

소소한 일상 속에서 행복을 발견해봐.
행복은 멀리 있는 것이 아니라 가까운 곳에 숨어 있단다.

JANUARY

닮고 싶은 롤모델이 있다면 누구야? 그 이유는?

20

20

20

내가 꿈꾸는 일을 먼저 하고 있는 롤모델을 발견해봐.
롤모델을 통해 인생의 구체적인 방향을 결정할 수 있을 거야.

JANUARY

3년 뒤 나는 어떤 모습일까?

20

. . . .

. . . .

. . . .

20

. . . .

. . . .

. . . .

20

. . . .

. . . .

. . . .

꿈쌤의
토닥토닥 말풍선

3년 뒤 나의 모습을 상상해봐.
3년 동안 드림 다이어리를 다 채우고 나면 한층 성장한 너의 모습을 발견할 수 있을 거야.

JANUARY

한번쯤 배워보고 싶은 스포츠는?

20

20

20

꿈쌤의
토닥토닥 말풍선

건강한 체력을 만드는 데 스포츠만큼 효과가 좋은 건 없어.
춥다고 웅크리지 말고 간단한 스트레칭이라도 해보자.

JANUARY

오늘 하루 나 자신에게 해주고 싶은 칭찬은?

20

20

20

JANUARY

내 인생의 좌우명이 있다면?

20

20

20

꿈쌤의
토닥토닥 말풍선

꿈쌤의 좌우명은 "할 수 있다고 말하면 결국 실천하게 된다"야.
힘들 때마다 좌우명을 주문처럼 외우면 나에게 힘을 줄 거야.

JANUARY

상급 학년으로 올라가기 전에 반 친구들과 꼭 해보고 싶은 일은?

20

20

20

JANUARY

나를 가슴 뛰게 하는 일은?

20

. . . .

. . . .

20

. . . .

. . . .

20

. . . .

. . . .

꿈쌤의
토닥토닥 말풍선

게임? 장난감? TV? 무엇이든 괜찮아.
두근두근 나를 설레게 하는 일이 무엇인지 나의 마음에 귀 기울여봐.

JANUARY

나만의 스트레스 해소법은?

20

. . . .

. . . .

. . . .

20

. . . .

. . . .

. . . .

20

. . . .

. . . .

. . . .

꿈쌤의
토닥토닥 말풍선

아주 매운 음식을 먹는다거나, 노래방에서 신나게 노래를 부른다거나, 잠을 잔다거나...
나만의 스트레스 해소법을 찾아서 스트레스를 날려버리자!

JANUARY

겨울 방학에 하고 싶은 일은 뭐야?

20

20

20

짧게만 느껴지는 겨울 방학. 그래도 내가 꼭 해보고 싶은 일이 있다면 과감히 도전해봐.

JANUARY

현재 나의 키와 몸무게는?

20

....

....

....

20

....

....

....

20

....

....

....

꿈쌤의
토닥토닥 말풍선

3년 동안 나의 신체 변화를 체크해봐.
나 혼자 보는 다이어리니까 우리 솔직해지자^^

28

JANUARY

아빠의 뒷모습을 보면 무슨 생각이 들어?

20

20

20

29

JANUARY

나에게 지금 당장 백만 원이 생긴다면 가장 하고 싶은 일은?

20

20

20

꿈쌤의
토닥토닥 말풍선

늘러도 가고 싶고, 갖고 싶은 물건도 사고 싶고, 맛있는 것도 먹고 싶고...
생각만 해도 신나지 않니?

JANUARY

최근에 읽은 책 제목과 기억에 남는 구절은?

20

20

20

JANUARY

최근 외로움을 느꼈던 순간은 언제야?

20

20

20

February

나를 동물로 비유한다면 무슨 동물일까? 그 이유는?

20

. . . .

. . . .

20

. . . .

. . . .

20

. . . .

. . . .

꿈쌤의
토닥토닥 말풍선

수많은 동물 중에 그 동물을 선택한 이유는
아마 나와 닮았거나, 닮고 싶기 때문일 거야.

February

사람을 볼 때 가장 중요하게 생각하는 것은?

20

20

20

꿈쌤의
토닥토닥 말풍선

외모, 돈, 학벌, 능력 등 눈에 보이는 외적인 것도 중요하지만
정말 중요한 건 그 사람의 눈빛, 성격, 가치관 등 그 사람의 보이지 않는 진심이 아닐까?

February

타임머신을 타고 과거로 돌아갈 수 있다면
언제로 돌아가고 싶어? 그 이유는?

20

20

20

꿈쌤의
토닥토닥 말풍선

쌤은 과거로 돌아갈 수 있다면 10대로 돌아가고 싶어.

10대를 너무 무의미하게 보낸 것 같아 아쉽거든.

쌤이 돌아가고 싶은 10대를 살고 있는 너! 너는 이런 후회하지 마!

February

세상에서 누가 가장 부러워?

20

. . . .

. . . .

20

. . . .

. . . .

20

. . . .

. . . .

꿈쌤의
토닥토닥 말풍선

인기가 많은 사람? 공부 잘하는 사람? 예쁘고 잘생긴 사람? 아니 아니~!
자신이 정말 좋아하고 하고 싶은 일을 하면서 행복하게 사는 사람들이 쌤은 제일 부럽더라.

February

하루에 스마트폰을 하는 시간은?

20

20

20

꿈쌤의
토닥토닥 말풍선

혹시 스마트폰 없이는 단 몇 시간도 못 버리는 건 아니지?
스마트폰이 주는 편리함과 장점도 많지만 지나친 사용은 금물!

February

내가 가장 좋아하는 일은?

20

. . . .

. . . .

20

. . . .

. . . .

20

. . . .

. . . .

꿈쌤의
토닥토닥 말풍선

무엇을 좋아하는지 모르겠다고?
좋아하는 일은 내가 흥미 있고 재미있어 하는 일, 집중이 잘되는 일이야.
나 자신에게 무엇을 좋아하는지 한번 물어보렴.

February

친구는 나에게 어떤 존재야?

20

. . . .

. . . .

. . . .

20

. . . .

. . . .

. . . .

20

. . . .

. . . .

. . . .

꿈쌤의
토닥토닥 말풍선

고민도 털어놓고, 크고 작은 일로 함께 웃고 울기도 하는 친구.
'친구'라는 존재는 그만큼 나에게 소중한 사람이란다.

February

어른이 되면 무슨 직업을 갖고 싶어?

20 ....

....

....

20 ....

....

....

20 ....

....

....

꿈쌤의
토닥토닥 말풍선

우리나라 직업의 개수는 무려 11,400여 개라고 해.
나의 적성에 맞는 직업군이 무엇인지 시야를 넓게 갖고 잘 찾아보자.

February

최근 성공적으로 끝낸 일이 있다면?

20

. . . .

. . . .

20

. . . .

. . . .

20

. . . .

. . . .

꿈쌤의
토닥토닥 말풍선

**성공과 실패는 종이 한 장 차이라고 해.
'결과'보다 '과정'에 더 가치를 둔다면 실패 역시 또 다른 성공인 셈이지.**

10
February

연예인 중에 이상형을 뽑으라면 누구야?

20

20

20

꿍쌤의
토닥토닥 말풍선

세상에는 왜 이렇게 멋진 연예인이 많은지!

February

평소에 자주 사용하는 말 혹은 말버릇이 있다면?

20 ....

....

....

20 ....

....

....

20 ....

....

....

꿈쌤의
토닥토닥 말풍선

말버릇은 나의 성격이나 특징을 나타내기도 해.
하루 동안 내가 무슨 말을 자주 쓰는지 한번 살펴봐.

February

지금, 좋아하는 이성친구가 있니?
그 친구의 어떤 면이 좋아?

20

20

20

꿈쌤의
토닥토닥 말풍선

누군가를 좋아한다는 건 아주 자연스러운 일이고
설렘을 느낄 수 있는 소중한 감정이야.

February

세계 배낭여행을 떠난다면 꼭 가보고 싶은 나라와 그 이유는?

20

20

20

February

수업시간에 나는 어떤 학생이야?

20

. . . .

. . . .

20

. . . .

. . . .

20

. . . .

. . . .

꿈쌤의
토닥토닥 말풍선

수업을 열심히 듣는 친구, 엎드려 자는 친구, 자기 할일 하는 친구... 수업 시간의 교실 풍경은 제각각이야.
넌 어떤 모습이 보기 좋아? 친구들의 모습을 한번 관찰해봐.

February

오늘 몇 시에 일어났어?

20

....

....

20

....

....

20

....

....

....

꿈쌤의
토닥토닥 말풍선

엄마가 깨워서 겨우 일어날 때도 있고, 알람 소리에 놀라 벌떡 일어나는 때도 있을 거야.
오늘 하루의 주인은 나인데, 스스로 아침에 눈을 뜨며 활기찬 아침을 맞이해보는 건 어때?

February

가장 잘하는 주특기는 뭐야?

20 ....

....

....

20 ....

....

....

20 ....

....

....

February

지금 가장 보고 싶은 사람은 누구야?

20

20

20

꿈쌤의
토닥토닥 말풍선

지금 생각 난 그 사람, 나에게 참 소중한 사람일 거야.
그 사람에게 지금 당장 문자 한 통 보내봐.

February

나의 보물 1호는? 그 이유는?

20

. . . .

. . . .

. . . .

20

. . . .

. . . .

. . . .

20

. . . .

. . . .

. . . .

꿈쌤의
토닥토닥 말풍선

세상에서 내가 제일 아끼는 보물 1호.
하지만 그 무엇보다 아껴야 하는 것은 바로 '나' 자신이라는 거 잊지 마.

February

새학년이 되면 해보고 싶은 동아리 활동은?

20 ....

....

....

20 ....

....

....

20 ....

....

....

꿈쌤의
토닥토닥 말풍선

같은 관심사나 취미를 갖고 있는 친구들과 함께하는 동아리 활동은
학교 생활을 더 신나게 만들어줄 거야. 관심 있는 동아리가 있다면 꼭 용기내서 도전해봐.

February

받은 혹은 받을 세뱃돈으로 제일 하고 싶은 것은?

20

. . . .

. . . .

20

. . . .

. . . .

20

. . . .

. . . .

. . . .

꿈샘의
토닥토닥 말풍선

**세뱃돈 받을 때만큼 기분 좋은 순간도 없지.
10대까지만 누릴 수 있는 특권이니 맘껏 누려!**

February

외면하고 싶은 나의 콤플렉스가 있다면?

20

20

20

꿈쌤의
토닥토닥 말풍선

감추고 싶고 외면하고 싶은 나만의 콤플렉스.
하지만 콤플렉스 역시 나 자신의 일부라는 걸 쿨하게 인정하고 받아들이면 한결 마음이 편해질 거야.

February

가깝고 친한 사이일수록
꼭 지켜야할 매너가 있다면 무엇일까?

20

20

20

꿈쌤의
토닥토닥 말풍선

가장 가까운 가족, 친한 친구일수록 너무 편해서 함부로 말하고 실수하는 경우가 있어.
내게 가장 가깝고 소중한 사랑일수록 매너를 지키는 것이 좋겠지?.

February

다시 태어난다면 누구로 태어나고 싶어? 그 이유는?

20

20

20

February

정적인 활동과 동적인 활동 중 어떤 걸 더 좋아해?

20

. . . .

. . . .

20

. . . .

. . . .

20

. . . .

. . . .

꿈쌤의
토닥토닥 말풍선

**움직임이 많은 활동을 좋아하느냐 없는 활동을 좋아하느냐에 따라
나의 성격 및 흥미 유형이 나타나기도 해. 평소 나의 모습을 잘 생각해봐.**

February

오늘 내 마음의 날씨는?

20

20

20

반복되는 일상 속에 나의 마음이 매일 맑음이었으면 좋겠어.

February

가장 자신 있게 할 수 있는 요리는?

20 .....

.....

.....

20 .....

.....

.....

20 .....

.....

.....

February

최근에 즐거운 시간을 함께 보낸 사람이 있다면 누구야?

20

20

20

꿈샘의
토닥토닥 말풍선

즐거운 추억을 함께 공유할 수 있는 사람이 있다는 건 참 행복한 일이야.

February

지금 이 순간 가장 빨리 하고 싶은 것은?

20

. . . .

. . . .

20

. . . .

. . . .

20

. . . .

. . . .

꿈쌤의
토닥토닥 말풍선

쌤은 어서 자고 싶다~
어서 다이어리 쓰고 빨리 실천해보자!

February

4년마다 돌아오는 특별한 오늘, 어떻게 보냈어?

20

....

....

....

20

....

....

....

20

....

....

....

꿈쌤의
토닥토닥 말풍선

평범한 하루지만 내가 특별하게 의미를 두면 특별해지는 거란다.

March

삼일절 하면 떠오르는 생각은?

20

. . . .

. . . .

20

. . . .

. . . .

20

. . . .

. . . .

꿈쌤의
토닥토닥 말풍선

단순히 빨간 날, 노는 날이라고 생각하는 건 아니지?
우리나라의 독립을 위해 애쓰신 조상님께 감사하는 마음을 가져보는 건 어떨까?

March

오늘 하루가 감사한 이유 3가지는?

20

. . . .

. . . .

20

. . . .

. . . .

20

. . . .

. . . .

꿈쌤의
토닥토닥 말풍선

하루 동안 일어났던 사건, 상황, 사람들로부터 느낀 감사함을 적어봐.

감사함을 발견할 때마다 행복해질 거야.

March

나를 색깔로 표현한다면 무슨 색깔이야? 그 이유는?

20

20

20

꿈쌤의
토닥토닥 말풍선

어떤 색깔인지 선택하는 것보다 그렇게 생각하는 이유를 발견하는 것이 더 좋아해!

March

새학기 새로운 반 친구들의 첫인상은?

20

20

20

꿈쌤의
토닥토닥 말풍선

친구가 먼저 다가와주기를 바라지 말고 내가 먼저 다가가는 건 어때?
그럼 나의 첫인상은 호감 UP!

March

죽을 때 내 묘비에는 어떤 말이 써 있었으면 좋겠어?

20

20

20

March

학교는 나에게 어떤 곳이야?

20

20

20

March

지금 가방 속에 뭐가 들어 있어?

20

. . . .

. . . .

. . . .

20

. . . .

. . . .

. . . .

20

. . . .

. . . .

. . . .

꿈쌤의
토닥토닥 말풍선

What's in my bag!?
나의 가방 속을 들여다보면 나의 관심사를 알 수 있어.

March

내 외모 중에 제일 자신 있는 부분은?

20

. . . .

. . . .

20

. . . .

. . . .

20

. . . .

. . . .

꿈쌤의
토닥토닥 말풍선

자세히 보아야, 오래 보아야 예쁘대. 너도 그래.

March

우리 가족의 분위기는 어떤 편이야?

20

. . . .

. . . .

20

. . . .

. . . .

20

. . . .

. . . .

꿈쌤의
토닥토닥 말풍선

혹시 화목하고 편안하지 않아도 걱정 마. 가족의 분위기는 내가 만들 수 있으니까!
자, 지금부터 나는 우리집의 분위기 메이커!

10

March

내게 남은 시간이 단 하루뿐이라면 무엇을 하고 싶어?

20

. . . .

. . . .

20

. . . .

. . . .

20

. . . .

. . . .

꿈쌤의
토닥토닥 말풍선

오늘 하루를 마지막 날처럼 생각하고 산다면 하루 하루가 더 소중해지겠지.

March

가장 성적이 잘 나오는 과목은?

20

. . . .

. . . .

. . . .

20

. . . .

. . . .

. . . .

20

. . . .

. . . .

. . . .

**꿈쌤의
토닥토닥 말풍선**

성적이 잘 나오면 나도 모르게 그 과목을 좋아하게 되더라!

March

생일이 되면 무슨 생각이 들어?

20

20

20

꿈쌤의
토닥토닥 말풍선

혹시 선물 받을 생각만 하는 건 아니지?
나를 이 세상에 태어나게 해주신 부모님께 감사의 마음을 전하는 센스!

March

내가 생각하는 아름다움의 기준은?

20

20

20

March

정말 마음에 드는 이성이 생기면 어떻게 할 거야?

20

20

20

꿈쌤의
토닥토닥 말풍선

정말 마음이 드는 이성이 생긴다면 용기를 내서 고백해보자.

열 번 찍어 안 넘어가는 나무 없다잖아!

March

20년 후 나의 명함에는 어떤 내용이 들어갔으면 좋겠어?

20 ....

....

....

20 ....

....

....

20 ....

....

....

꿈쌤의
토닥토닥 말풍선

명함은 자신을 가장 대표할 수 있는 도구이기도 해.
미래의 나의 모습을 상상하며 명함 속의 내용을 적어봐.

March

가장 기억에 남는 강연이 있다면 어떤 내용이야?

20

. . . .

. . . .

20

. . . .

. . . .

. . . .

20

. . . .

. . . .

. . . .

꿈쌤의
토닥토닥 말풍선

자극이 필요할 때 존경하는 사람의 강연을 찾아봐.
자신에게 긍정적인 동기부여가 될 거야.

March

요즘 좋아하는 캐릭터가 있다면?

20

20

20

꿈쌤의
토닥토닥 말풍선

자신이 좋아하는 캐릭터를 보면 내가 선호하는 취향을 알 수 있어.
어때, 맞는 것 같아?

March

절대 참지 못하는 일이 있다면?

20 _____

_____

_____

20 _____

_____

_____

20 _____

_____

_____

꿈쌤의
토닥토닥 말풍선

분노, 배고픔, 잠... 으악, 도저히 참을 수 없는 유혹들!

March

고민을 털어놓는 친구에게 어떤 위로를 해주니?

20

20

20

March

한달 동안 자유롭게 진로를 탐색할 수 있는 시간이 주어진다면
어떤 활동을 해보고 싶어?

20

....

....

....

20

....

....

....

20

....

....

....

꿈쌤의
토닥토닥 말풍선

다양한 활동을 통해 내 꿈에 조금 더 가까워질 수 있을 거야.

March

최선을 다해 노력해본 경험이 있어?

20

. . . .

. . . .

20

. . . .

. . . .

20

. . . .

. . . .

꿈샘의
토닥토닥 말풍선

노력으로 얻은 값진 열매는 그 무엇보다 소중하지!

March

나만의 아지트가 있다면?

20

. . . .

. . . .

. . . .

20

. . . .

. . . .

. . . .

20

. . . .

. . . .

. . . .

꿈쌤의
토닥토닥 말풍선

혼자 또는 친구들과 종종 찾는
나만의 즐겨찾기 공간이 있다면 참 좋겠다!

March

요즘 나의 가장 큰 고민거리는?

20

20

20

꿈쌤의
토닥토닥 말풍선

성적, 진로, 학교, 친구, 이성교제, 부모님, 외모... 고민 참 많지?
그래도 괜찮아. 이런 고민들이 나를 성장시켜줄 거야.

March

평생 함께할 단짝 친구를 1명만 고른다면?

20 ....

....

....

20 ....

....

....

20 ....

....

....

March

내게 어떤 기적이 찾아오면 좋겠어?

20

20

20

March

가장 싫어하는 과목은?

20 ....

....

....

20 ....

....

....

20 ....

....

....

꿈쌤의
토닥토닥 말풍선

싫어하는 과목일지라도 포기하지 않는 자세가 중요한 거야. 방법을 찾아보자!

March

지금 무슨 옷 입고 있어?

20

20

20

March

내가 소심하다고 느낄 때는?

20

. . . .

. . . .

20

. . . .

. . . .

20

. . . .

. . . .

. . . .

**꿈쌤의
토닥토닥 말풍선**

**가끔은 인정하고 싶지 않은 감정.
하지만 소심함도 자연스러운 내 감정의 일부.**

March

오늘 나를 웃게 만든 사람은?

20

. . . .

. . . .

20

. . . .

. . . .

20

. . . .

. . . .

꿈쌤의
토닥토닥 말풍선

나를 웃게 해주는 고마운 사람. 내일은 내가 웃게 해줘야지 ^^

March

내 꿈을 위해 투자해야 하는 것이 있다면?

20

20

20

March

좋아하는 명언이 있다면?

20

. . . .

. . . .

. . . .

20

. . . .

. . . .

. . . .

20

. . . .

. . . .

. . . .

꿈쌤의
토닥토닥 말풍선

> 짧은 문장이지만 나에게 와닿고 공감되는 명언은 내게 큰 힘이 되지.
> 책 읽을 시간이 없을 때 틈틈히 명언집을 보는 것도 동기부여가 될 거야.

April

만우절, 누구에게 어떤 거짓말을 했어?

20

. . . .

. . . .

20

. . . .

. . . .

20

. . . .

. . . .

꿈쌤의
토닥토닥 말풍선

마음이 상하지 않는 선에서, 귀여운 거짓말로 하루를 재미있게 보내봐~

April

가장 자신 있게 부를 수 있는 노래는?

20

. . . .

. . . .

20

. . . .

. . . .

20

. . . .

. . . .

꿈쌤의
토닥토닥 말풍선

나만의 애창곡 하나쯤은 만들어두는 센스!

April

가장 듣기 싫은 잔소리는?

20

. . . .

. . . .

20

. . . .

. . . .

20

. . . .

. . . .

꿈쌤의
토닥토닥 말풍선

나를 위한 걱정이 담긴 한마디를 잔소리로 오해하는 건 아닌지 고민해봐.
부당한 잔소리라면 정중하게 자신의 의사를 표현하는 것도 방법이야.

April

요즘 나의 최대 관심사는?

20

. . . .

. . . .

20

. . . .

. . . .

20

. . . .

. . . .

꿈쌤의
토닥토닥 말풍선

현재 나의 관심사와 1년 뒤, 2년 뒤 나의 관심사가 어떻게 변할지 궁금하다!

April

마당에 나무를 한 그루 심는다면 어떤 나무를 심고 싶어?

20

20

20

나만의 아낌없이 주는 나무 한 그루가 있다면 얼마나 좋을까!

April

지금 먹고 싶은 음식은?

20

20

20

갑자기 배가 고파지는 걸. 먹고 싶은 건 먹고 살자!

April

버리고 싶거나 고치고 싶은 습관이 있다면?

20 ....

....

....

20 ....

....

....

20 ....

....

....

April

미래에 만날 나의 배우자는 어떤 성격이었으면 좋겠어?

20

20

20

꿈쌤의
토닥토닥 말풍선

기억해두렴!
외모보다 중요한 건 바로 성품이라는 사실을.

April

지금 망설이고 있는 것이 있다면?

20

20

20

April

새학기 첫 시험의 목표 점수는 몇 점?

20

. . . .

. . . .

. . . .

20

. . . .

. . . .

. . . .

20

. . . .

. . . .

. . . .

꿈샘의
토닥토닥 말풍선

목표가 있는 것과 없는 것의 결과는 분명히 차이가 있어.
목표를 구체적으로 세우고 실천하면 가능성이 커진단다!

April

벚꽃이 흩날리는 봄날, 듣고 싶은 노래는?

20

20

20

April

주말이나 여가 시간에는 무엇을 하니?

20

. . . .

. . . .

20

. . . .

. . . .

20

. . . .

. . . .

꿈쌤의
토닥토닥 말풍선

여가 시간에는 집에만 있기보다 밖으로 나가 에너지를 발산해봐.
일상 속에 작은 활력이 될거야.

April

나의 라이벌이 있다면 누구야? 그 이유는?

20

20

20

April

어떤 삶이 행복한 삶일까?

20

20

20

꿈샘의
토닥토닥 말풍선

행복의 기준은 사람마다 다르지만 공통점이 있다면
행복은 스스로 행복하다고 마음 먹는 순간 찾아온다는 거야.

April

공부할 때 나에게 가장 방해가 되는 요소는?

20 ....

....

....

20 ....

....

....

20 ....

....

....

꿈쌤의
토닥토닥 말풍선

공부할 때 자꾸 나를 방해하는 방해꾼을 체크해서 과감하게 쫓아버리자!

April

학교에서 쉬는 시간에는 보통 무엇을 하면서 보내?

20

20

20

꿈쌤의
토닥토닥 말풍선

매점 가기, 화장실 가기, 잠 자기, 숙제 하기...
짧은 10분 동안 할 수 있는 게 너무 많아!

April

기분이 좋을 때 하는 행동은?

20

20

20

April

지금 누군가를 미워하고 있다면 누구야? 그 이유는?

20

20

20

April

지금 내 꿈은?

20

20

20

April

나의 시험공부 스타일은?

20

. . . .

. . . .

. . . .

20

. . . .

. . . .

. . . .

20

. . . .

. . . .

. . . .

꿈쌤의
토닥토닥 말풍선

벼락치기 스타일? 아니면 꾸준히 노력하는 스타일?
나만의 패턴을 찾으면 공부가 더 수월할 거야!

April

하루의 자유시간이 주어진다면 뭘 하고 싶니?

20

. . . .

. . . .

20

. . . .

. . . .

20

. . . .

. . . .

꿈쌤의
토닥토닥 말풍선

학업에 바쁜 하루를 보내는 나, 하루 정도는 나 자신을 위한 시간을 갖고 싶다.

April

화를 다스리는 나만의 노하우는?

20

20

20

꿈쌤의
토닥토닥 말풍선

화가 치밀어 오르면 나도 모르게 본성이 나오곤 해.
그때마다 분노를 잘 다스리도록 연습해보자.

April

빨리 어른이 되고 싶은 순간은?

20

20

20

April

지금 갖고 있는 그 꿈을 갖게 된 계기는?

20

. . . .

. . . .

20

. . . .

. . . .

20

. . . .

. . . .

꿈쌤의
토닥토닥 말풍선

내가 왜 그 꿈을 갖게 되었는지 분명한 이유가 있다면
그 꿈에 대한 간절함이 더 확고해질 거야.

April

시험 끝나면 가장 먼저 하고 싶은 일은?

20

20

20

April

한달 용돈은 얼마야? 용돈으로 주로 뭘 해?

20

20

20

April

가장 결정하기 힘든 순간은?

20 ....

....

....

20 ....

....

....

20 ....

....

....

꿈쌤의
로닥로닥 말풍선

결국 결정은 스스로 해야 후회하지 않아.
나만의 기준을 만들어보는 것도 좋은 방법이야.

April

내 단짝 친구는 나를 뭐라고 불러?

20 ....

....

....

20 ....

....

....

20 ....

....

....

꿈쌤의
토닥토닥 말풍선

친구들에게 나는 어떤 친구일까? 자신을 한번 돌아보자.

April

내 꿈을 위해 지금 하고 있는 노력이 있다면?

20

. . . .

. . . .

20

. . . .

. . . .

20

. . . .

. . . .

꿈쌤의
토닥토닥 말풍선

성실히 노력한 나의 하루 하루가 모여 내게 꿈이란 선물을 가져다줄 거야.

April

앞으로 배우고 싶은 외국어는?

20

20

20

꿈쌤의
토닥토닥 말풍선

외국어를 배운다는 건 단순히 암기하는 것이 아니라 그 나라의 역사와 문화를 배운다는 거야.
내가 가보고 싶은 나라의 언어를 배워보면 어떨까?

May

내가 정말 아끼는 나만의 인생템은?

20 . . . .

. . . .

. . . .

20 . . . .

. . . .

. . . .

20 . . . .

. . . .

. . . .

꿈쌤의
토닥토닥 말풍선

정말 맘에 드는 아이템을 만나면 괜히 신나고 기분이 좋지.
내 인생에 꼭 필요한 인생템을 소개해줘!

May

요즘 무슨 재미로 살아?

20

. . . .

. . . .

20

. . . .

. . . .

20

. . . .

. . . .

꿈쌤의
토닥토닥 말풍선

게임하는 재미, 친구들과 노는 재미, 음악 듣는 재미, 맛있는 음식 먹는 재미 등 나에게 주는 크고 작은 재미들.
반복되는 일상 속에 나만의 소소한 재미들을 발견해보자.

May

누군가에게 거절을 해야할 때 어떻게 해?

20

20

20

꿈쌤의
토닥토닥 말풍선

내가 원하지 않는 일, 싫어하는 일인데도 상대방을 배려하는 마음에 거절하지 못하는 경우가 있을 거야.
분명하게 자신의 의사를 표현하는 것은 나 자신에 대한 배려란다.

May

당장 여행을 갈 수 있다면 어디로 떠나고 싶어?

20

20

20

생각만 해도 신나지? 당장 떠나고 싶은 곳의 리스트를 적어봐.
당일 여행도 좋으니 다가오는 주말에 떠나보는 거야!

May

내가 조금만 노력하면 잘할 수 있을 것 같은 일은?

20

20

20

May

오늘 아침 눈을 뜨자마자 든 생각은?

20 ....

....

....

20 ....

....

....

20 ....

....

....

May

내가 자발적으로 즐겁게 하는 일은?

20

. . . .

. . . .

20

. . . .

. . . .

20

. . . .

. . . .

꿈쌤의
토닥토닥 말풍선

자발적으로 즐겁게 하는 일은 나의 진로를 선택하는 데 중요한 기준이 될 수 있어.
내가 좋아하고 즐겁게 할 수 있는 일이 1순위거든.

May

어버이날을 맞이해 부모님께 꼭 하고 싶은 한마디?

20

20

20

오늘만큼이라도 부모님께 사랑과 감사의 마음을 담아 표현해보자.

부모님이 행복해하실 거야.

May

내 꿈을 이루는 데 가장 큰 걸림돌은?

20

. . . .

. . . .

20

. . . .

. . . .

20

. . . .

. . . .

꿈쌤의
토닥토닥 말풍선

환경, 부모님, 친구, 스마트폰, 능력... 방해요소는 참 많을 거야.
아마 가장 큰 걸림돌은 합리적인 이유로 핑계를 만드는 '나 자신'이 아닐까?

May

지금 가장 관심 있는 직업은?

20

20

20

꿈쌤의
토닥토닥 말풍선

단순히 관심에서 그치지 말고, 조금 더 자세히 알아봐!
훗날 내 직업이 될 수도 있잖니 ^^

May

1년 중 나에게 가장 의미있는 날짜가 있다면?

20

20

20

1년 중 나에게 의미 있는 그날이 되면 특별한 이벤트를 만들어보는 건 어때?

May

누군가에게 가장 듣기 좋은 칭찬은?

20

......

......

20

......

......

20

......

......

꿈쌤의
토닥토닥 말풍선

듣고 싶은 칭찬을 누군가에게 내가 먼저 해주면 어떨까?
그럼 너도 그 칭찬을 누군가에게 듣게 될거야.

May

제일 무서워하는 사람은 누구야?

20

20

20

꿈쌤의
토닥토닥 말풍선

그럼에도 불구하고 나의 편견 뒤에 숨겨진 그 사람의 반전 매력을 찾아봐.

알고 보면 분명 따뜻한 사람일거야.

May

사랑하는 사람에게 받고 싶은 꽃은?

20

. . . .

20

. . . .

20

. . . .

꿈샘의
토닥토닥 말풍선

사랑하는 사람에게 꽃다발을 선물받으면 너무 행복하겠지?

May

가장 기억에 남는 선생님은?

20

20

20

스승의 날을 맞아 감사의 마음을 전해보는 건 어때?
선생님이 무척 행복해하실 거야.

May

날씨 좋은 봄날, 어디론가 훌쩍 떠날 수 있다면 누구와 어디로?

20 ....

....

....

20 ....

....

....

20 ....

....

....

꿈쌤의
토닥토닥 말풍선

요즘 날씨 너무 좋지? 열심히 공부한 당신, 떠나라!

May

내 자신이 자랑스러웠던 순간이 있다면 언제야?

20

....

....

....

20

....

....

....

20

....

....

....

May

질투나는 친구가 있다면? 그 이유는?

20 ....

....

....

20 ....

....

....

20 ....

....

....

꿈쌤의
토닥토닥 말풍선

부러우면 지는 거라는 말, 쌤은 안 믿어! 오히려 이기는 거야.
부러우면 하고 싶은 거고, 하고 싶으면 해낼 수 있는 거니까!

May

대학생이 되면 꼭 해보고 싶은 일은?

20 ....

....

....

20 ....

....

....

20 ....

....

....

May

다룰 줄 아는 악기는?

20 ....

....

....

20 ....

....

....

20 ....

....

....

꿈쌤의
토닥토닥 말풍선

살아가면서 다룰 줄 아는 악기 한 가지가 있다면 참 행복한 거래.
우리 함께 행복을 연주해볼까?

May

최근 배 아플 정도로 웃어본 적은 언제야?

20

20

20

꿈쌤의
토닥토닥 말풍선

그 일을 다시 떠올리기만 해도 웃음이 나지?
매일 이렇게 큰 소리로 웃는 나였으면 좋겠다.

May

나 자신을 사랑하니?

20 ....

....

....

20 ....

....

....

20 ....

....

....

꿈쌤의
토닥토닥 말풍선

내가 나 자신을 좋아하지 않으면 누가 날 좋아하겠어.
그 누구보다 내 자신을 가장 많이 좋아하고 사랑해주기!

May

가장 만나 보고 싶은 연예인은 누구야? 그 이유는?

20

20

20

24

May

만약 내가 대통령이 된다면 꼭 바꾸고 싶은 정책 한 가지는?

20

20

20

꿈쌤의
토닥토닥 말풍선

―도 성장해 ...
미래의 ― 될 테니까.

May

공부 하기 싫거나 집중이 안될 때는 어떻게 해?

20

20

20

May

최근 가장 힘들었던 순간은?

20

20

20

꿈쌤의
토닥토닥 말풍선

많이 힘들었겠구나. 토닥토닥.
그 순간을 잘 이겨내고 나면 더 좋은 일이 다가올 거라는 희망을 잃지 마.

May

드라마나 영화 속 주인공 중에
나와 비슷한 캐릭터가 있다면?

20

20

20

May

마지막으로 나와 카카오톡을 주고 받은 사람은 누구야?
어떤 내용이야?

20

20

20

꿈샘의
토닥토닥 말풍선

소소한 일상을 공유할 수 있는 사람이야말로
정말 소중한 사람일지 몰라.

May

한번쯤 용기내서 도전해보고 싶은 일이 있어?

20

. . . .

. . . .

20

. . . .

. . . .

20

. . . .

. . . .

꿈쌤의
토닥토닥 말풍선

도전해보고 싶은 일이 있으면 망설이지 말고 도전해봐.

도전해야 또 다른 기회가 온단다.

May

대학은 꼭 가야 할까?

20

. . . .

. . . .

. . . .

20

. . . .

. . . .

. . . .

20

. . . .

. . . .

. . . .

꿈쌤의
토닥토닥 말풍선

대학은 선택이지 필수는 아니야. 다만 대학이 내 꿈을 위해 필요한 수단이라면
원하는 대학에 갈 수 있도록 꾸준히 노력해야 나중에 후회하지 않는다는 것을 명심해.

May

내가 지금 이 순간 행복한 이유는?

20 ....

....

....

20 ....

....

....

20 ....

....

....

꿈쌤의
토닥토닥 말풍선

행복은 지금 이 순간 내가 행복하다고 마음 먹으면 행복해지는 거야.
지금 이 순간 나의 행복을 기록해봐.

June

언젠가 꼭 한번 배워 보고 싶은 악기는?

20 ....

....

....

20 ....

....

....

20 ....

....

....

꿈쌤의
토닥토닥 말풍선

지금 당장은 아니더라도, 언젠가 근사한 연주를 할 수 있다면 참 멋질 거야!

2

June

내가 가장 믿고 신뢰하는 사람은?

20

. . . .

. . . .

20

. . . .

. . . .

20

. . . .

. . . .

June

생각만 해도 가슴이 벅차오르고 신나는 일은?

20

20

20

June

반에서 따돌림을 당하는 친구가 있니?

20

. . . .

. . . .

20

. . . .

. . . .

20

. . . .

. . . .

꿈샘의
토닥토닥 말풍선

나는 그 친구를 어떻게 대하고 있니?
오늘 하루만이라도 그 친구에게 다정하게 손 내밀어보는 건 어때?

June

누구에게도 말하지 못한 비밀이 있다면?

20

. . . .

. . . .

. . . .

20

. . . .

. . . .

. . . .

20

. . . .

. . . .

. . . .

꿈쌤의
토닥토닥 말풍선

임금님 귀는 당나귀 귀! 말하고 나니 속이 시원하지?
쉿! 꿈쌤이 비밀 지켜줄게!

June

나의 감성을 자극하는 것은?

20

20

20

꿈샘의
토닥토닥 말풍선

비오는 날씨, 떨어진 낙엽, 추억을 떠올리게 만드는 음악 등
나의 감성을 자극하는 무엇인가 있다는 건 다행스러운 일이야.
아직 나의 감성이 살아 있다는 증거니까.

June

친구관계에서 어려움을 느낄 때는 어떻게 해결해?

20

20

20

꿈쌤의
토닥토닥 말풍선

친구관계에 문제가 생기면 스트레스도 받고 우울하고 학교 가기도 싫어질 거야.
해결하기 힘든 상황이 오면 혼자 끙끙대지 말고 용기 내서 도움을 청해보렴.

June

취미가 뭐야?

20

....

....

....

20

....

....

....

20

....

....

....

June

정말 하기 싫은데 억지로 해야 했던 경험이 있어?

20

20

20

June

내가 해 본 가장 큰 일탈은?

20

20

20

June

내 삶에서 가장 중요하게 생각하는 가치는?

20 ....

....

....

20 ....

....

....

20 ....

....

....

꿈쌤의
토닥토닥 말풍선

사람은 자신만의 가치를 중심으로 꿈과 인생의 방향을 결정할 수 있으니 신중하게 잘 생각해보자.

June

엄마는 나에게 어떤 존재야?

20

．．．．．．．．．．．．．．．．．．．．．．．．．．．．．．．．

．．．．．．．．．．．．．．．．．．．．．．．．．．．．．．．．

20

．．．．．．．．．．．．．．．．．．．．．．．．．．．．．．．．

．．．．．．．．．．．．．．．．．．．．．．．．．．．．．．．．

20

．．．．．．．．．．．．．．．．．．．．．．．．．．．．．．．．

．．．．．．．．．．．．．．．．．．．．．．．．．．．．．．．．

．．．．．．．．．．．．．．．．．．．．．．．．．．．．．．．．

꿈쌤의
토닥토닥 말풍선

너무 가깝다는 이유로, 바쁘다는 핑계로 엄마에게 막 대하거나 소홀한 건 아닌지...
엄마가 계시기에 내가 이 세상에 존재할 수 있음을 잊지 말기를.

13

June

내가 정말 원하는 일은 무엇인가?

20

. . . .

. . . .

20

. . . .

. . . .

20

. . . .

. . . .

꿈쌤의
토닥토닥 말풍선

내가 무슨 일을 할 때 가슴이 뛰고, 기분이 좋고, 자부심을 느끼는지 적어봐.
그게 바로 내가 하고 싶고 원하는 일이야.

June

어떤 봉사활동을 경험해봤니?

20

. . . .

. . . .

. . . .

20

. . . .

. . . .

. . . .

20

. . . .

. . . .

. . . .

꿈쌤의
토닥토닥 말풍선

타인을 돕고 사랑을 나누는 일을 통해 더불어 나 자신도 보람을 느끼고 성장할 수 있는 봉사활동이
진정한 봉사활동이 아닐까?

June

요즘 제일 갖고 싶은 물건은?

20 ....

....

....

20 ....

....

....

20 ....

....

....

꿈쌤의
토닥토닥 말풍선

부모님께 사달라고 조르지 말고,
용돈 열심히 모아서 지르는 건 어때?

June

내가 지닌 가장 약한 점은?

20

20

20

June

청소년기의 이성교제에 대해 어떻게 생각해?

20

. . . .

. . . .

20

. . . .

. . . .

. . . .

20

. . . .

. . . .

. . . .

꿈쌤의
토닥토닥 말풍선

서로의 꿈을 응원하고 힘이 되주는 바람직한 이성교제라면 쌤도 찬성!
단, 지나치게 외모에 신경을 쓰고 도를 넘는 애정표현이나 학업에 지장을 준다면
지켜보는 어른들이 걱정하시겠지. 지킬 건 지키자!

18

June

지금 하기에는 너무 늦었다고 생각하는 일이 있어?

20

20

20

꿈쌤의
토닥토닥 말풍선

늦었다고 생각하는 지금 이 순간이 가장 굿 타이밍!
지금 나는 뭐든 시작할 수 있는 특권을 가진 나이란 걸 기억해.

June

어떤 아르바이트를 해봤어?

20

. . . .

20

. . . .

20

. . . .

꿈샘의
토닥토닥 말풍선

청소년기에 아르바이트 경험은 쉽지는 않아. 하고 싶다면 부모님과 꼭 상의하고 제대로 알고 하자.
그래야 나의 소중한 노동권리를 지킬 수 있어.

June

최근에 가장 슬펐던 때는?

20

20

20

June

나만의 힐링 방법이 있다면?

20

. . . .

20

. . . .

20

. . . .

지치고 힘들 때, 나를 기분좋게 만들고 충전시켜 주는
나만의 힐링 방법을 공유해줘.

June

현재 담임 선생님은 어떤 분이야?

20 ....

....

....

20 ....

....

....

20 ....

....

....

꿈쌤의
토닥토닥 말풍선

학교에서 나와 가장 중요한 관계를 맺는 사람 중 한 분인
담임 선생님과 긍정적인 관계를 유지할 수 있는 방법도 한번 생각해봐.

June

내 인생의 명장면은?

20

. . . .

20

. . . .

20

. . . .

June

재능기부를 한다면 내가 할 수 있는 것은?

20

20

20

꿈쌤의
토닥토닥 말풍선

나의 재능을 필요로 하는 누군가에게 기부한다는 건 참 아름다운 일이야.
누군가를 위해 내가 가진 장점으로 할 수 있는 일이 무엇인지 찾아보자.

June

현재 가장 큰 불만은?

20

20

20

꿈쌤의
토닥토닥 말풍선

지금 내가 가진 불만을 해소하려면 어떻게 해야 할까?
불만은 정신건강에 좋지 않음!

June

내 인생의 모토가 있다면?

20

20

20

꿈쌤의
토닥토닥 말풍선

내가 좋아하는 명언 혹은 책 속 좋은 구절, 나의 가치를 담은 신조 등 내 인생의 모토를 만들어봐.

June

최근 친구들과 즐거웠던 추억이 있다면?

20

....

....

20

....

....

20

....

....

꿈쌤의
토닥토닥 말풍선

함께 추억을 공유할 수 있는 친구가 있어서 얼마나 다행인지 몰라.
다음엔 또 어떤 추억을 만들어볼까?

June

꿈의 목록을 몇 개까지 작성할 수 있어?

20

20

20

의미 있고 가치 있는 삶을 살아가기 위해 내가 하고 싶고 꿈꾸는 일을 쭉 작성해봐.
꿈의 목록에 작성된 꿈을 하나씩 실천해나가는 그 경험은 내게 성취감과 행복을 줄거야.

June

기억에 남는 수행평가는?

20

....

....

....

20

....

....

....

20

....

....

....

June

최근에 울었던 적 있어? 그 이유는?

20 ....

....

....

20 ....

....

....

20 ....

....

....

꿈쌤의
토닥토닥 말풍선

울고 싶을 때 울 수 있다는 것도 근사한 일이야.
속 시원하게 울고 털어버리자!

July

나는 내성적인 성격 vs 외향적인 성격?

20

20

20

2

July

혼자 여행해본 적 있어?

20

. . . .

. . . .

20

. . . .

. . . .

20

. . . .

. . . .

꿈쌤의
토닥토닥 말풍선

나홀로 떠나는 여행의 매력도 엄청나단다!
언젠가 꼭 경험해보길 추천해.

July

진정한 성공이란 무엇일까?

20 ....

....

....

20 ....

....

....

20 ....

....

....

꿈쌤의
토닥토닥 말풍선

사람마다 성공의 기준은 다르기에 정답은 없어. 나는 어떤 성공을 꿈꾸고 있어?
내가 생각하는 진정한 성공의 의미를 정의해봐.

July

결과를 떠나 그 과정에서 성취감을 느낀 활동이 있다면?

20 ....

....

....

20 ....

....

....

20 ....

....

....

July

사계절 중 가장 좋아하는 계절은?

20

. . . .

. . . .

20

. . . .

. . . .

20

. . . .

. . . .

꿈쌤의
토닥토닥 말풍선

봄, 여름, 가을, 겨울 사계절을 다 느껴볼 수 있는 우리나라에 살고 있는 우리는 행운아!
특별히 좋아하는 계절이 있다면 그 이유를 적어봐.

July

나는 타인에게 좋은 사람일까?

20

. . . .

. . . .

20

. . . .

. . . .

20

. . . .

. . . .

꿈쌤의
토닥토닥 말풍선

남의 시선보다 더 의식해야 할 것은 바로 나 자신의 시선.
내 눈에 비친 내가 좋은 사람이라면, 타인의 눈도 마찬가지일 거야.

July

최근 누군가에게 도움을 준 경험이 있어?

20 ....

....

....

20 ....

....

....

20 ....

....

....

꿈쌤의
토닥토닥 말풍선

누군가에게 도움을 줄 수 있다는 건 남에게도,
나에게도 참 감사하고 보람된 일이야. 아주 잘했어! Good Job!

July

스무 살이 되기 전에 꼭 해보고 싶은 일은?

20

20

20

10대라는 시기는 다시는 돌아오지 않아. 책상에 앉아서 공부만 하기는 아까운 나의 학창 시절.

스무 살이 되기 전에 꼭 해보고 싶은 일들을 적어보고, 하나씩 경험해보자.

July

하루 중 집중이 가장 잘되는 시간은 언제야?

20

20

20

꿈쌤의
토닥토닥 말풍선

사람마다 집중이 잘되는 시간은 달라. 나의 하루를 잘 관찰해봐.
집중이 잘되는 시간을 공략해 잘 활용한다면 효과가 더 좋을 거야.

July

하루 일과에 지친 나를 일으켜 세우는 힘이 있다면?

20 ....

....

....

20 ....

....

....

20 ....

....

....

꿈쌤의
토닥토닥 말풍선

그 힘 덕분에 지금 내가 이렇게 잘 살아갈 수 있지.
오늘 하루도 마무리하면서 그 힘에 기대어 충전해볼까?

July

무인도에 가져가고 싶은 3가지는?

20

20

20

나의 창의성과, 인생에서 중요하게 생각하는 가치를 알 수 있는 질문.
나의 대답은?

July

부모님에게 가장 해드리고 싶은 것은?

20

20

20

July

만약 나에게 하고 싶은 일을 할 수 있는 기회가
생긴다면 무엇을 하고 싶어?

20

20

20

July

행복한 학창시절을 보낼 수 있는 방법은 무엇일까?

20

20

20

July

오늘 아침에는 뭘 먹었어?

20 ....

....

....

20 ....

....

....

20 ....

....

....

July

나도 모르게 이유 없이 짜증나는 순간이 있었어?

20

. . . .

. . . .

20

. . . .

. . . .

20

. . . .

. . . .

꿈쌤의
토닥토닥 말풍선

짜증은 그 누구도 피할 수 없는 감정이야.
짜증이 나거나 화가 밀려올 때, 1분 동안 심호흡을 해봐.

July

최근 누군가에게 감동 받은 일이 있다면?

20 ....

....

....

20 ....

....

....

20 ....

....

....

꿈쌤의
토닥토닥 말풍선

가슴 따뜻한 그 기억, 오래오래 간직하자 ♡

July

초능력이 생긴다면 무엇을 갖고 싶어?

20

20

20

July

내가 생각하는 좋은 직업의 기준은?

20

. . . .

. . . .

20

. . . .

. . . .

20

. . . .

. . . .

꿈쌤의
토닥토닥 말풍선

좋은 직업의 기준에 대한 정답은 없지만
이왕이면 자신이 좋아하고 행복한 일을 하면서 누군가에게 도움이 되는 직업이라면
그거야말로 최고 아닐까?

July

지금 나 자신을 위로하며 하고 싶은 말은?

20

. . . .

. . . .

20

. . . .

. . . .

20

. . . .

. . . .

꿈쌤의
토닥토닥 말풍선

반복되는 하루가 때론 지치고 힘들 거야. 그래도 내가 있잖아. 나 자신을 믿어봐.
지금 당장 나 자신에게 토닥토닥해주기!

July

내가 가장 좋아하고 자신있는 운동은?

20

....

....

20

....

....

20

....

....

July

나의 대화 스타일은 어때?

20

20

20

커뮤니케이션은 인간관계에서 아주 중요한 역할을 해. 나는 이야기를 주로 하는 편인지,
들어주는 편인지 나의 대화 스타일이 어떤지 파악하는 것도 변화의 첫걸음일 거야.

23

July

꿈과 현실 사이에서 갈등이 생긴다면 무엇을 선택할 거야?

20 ....

....

....

20 ....

....

....

20 ....

....

....

꿈쌤의
토닥토닥 말풍선

무작정 꿈을 좇는 것이 좋을까? 아니면 현실을 직시하고 잠시 후퇴하는 것이 좋을까?
중요한 건 다른 사람의 눈치를 보기보다는 냉정하게 자신의 상황을 파악하고 내 선택을 믿을 것!

July

영화나 드라마 속 주인공이 된다면
누가 되고 싶어?

20

. . . .

. . . .

20

. . . .

. . . .

20

. . . .

. . . .

July

마지막으로 손편지를 쓴 건 언제야?

20

. . . .

. . . .

. . . .

20

. . . .

. . . .

. . . .

20

. . . .

. . . .

. . . .

꿈쌤의
토닥토닥 말풍선

가끔은 아날로그 감성이 들어간 손편지가 더 감동적이고 마음이 잘 전달되기도 해.

July

내가 처한 환경과 능력에 열등감을 느낀 적이 있어?

20 ·····

·····

·····

20 ·····

·····

·····

20 ·····

·····

·····

July

사랑과 우정 중에 하나를 선택해야 한다면? 그 이유는?

20

20

20

꿈쌤의
토닥토닥 말풍선

사랑과 우정 중에 선택하라니 너무 어려운 질문이다.
사랑과 우정 두 마리 토끼를 다 잡을 순 없을까?

July

친한 친구와 꼭 가보고 싶은 공연이나 콘서트가 있어?

20

20

20

July

방학 동안 꼭 해보고 싶은 한 가지는?

20

. . . .

. . . .

20

. . . .

. . . .

20

. . . .

. . . .

꿈쌤의
토닥토닥 말풍선

여름방학이 시작됐어. 방학 찬스를 활용해 해보고 싶은 것이 있다면 망설이지 말고 일단 시도해보기!

July

요즘 친구들 사이에서 가장 핫한 유행어는?

20 ....

....

....

20 ....

....

....

20 ....

....

....

July

오늘 하루 동안 내가 한 일을 순서대로 적는다면?

20

20

20

August

친했던 친구에게 서운하거나 배신감을 느낀 적이 있어?

20

20

20

August

좋아하는 향수가 있어?

20

....

....

....

20

....

....

....

20

....

....

....

꿈쌤의
토닥토닥 말풍선

샴푸 향기, 비누 향기 등 기분 좋은 냄새는 주위 사람들도 기분 좋게 할 거야.

August

평소에 내가 놓치고 있는 소중한 것은 있다면 무엇일까?

20

. . . .

. . . .

20

. . . .

. . . .

20

. . . .

. . . .

꿈쌤의
토닥토닥 말풍선

바쁜 일상 속에 나도 모르게 소중한 것을 놓치고 있는 건 아닌지.

소중한 사람에게 정성을 다해 사랑을 베푸는 일이 지금 내가 해야 할 가장 소중한 일이 아닐까.

August

무더운 여름을 이기는 나만의 노하우는?

20

. . . .

. . . .

20

. . . .

. . . .

20

. . . .

. . . .

꿈쌤의
토닥토닥 말풍선

더워도 너무 더운 여름 고마운 나의 꿀팁!
휴~ 이번 여름도 잘 부탁해!

August

딱 한 시간 동안 세상이 멈추고 나 혼자만 움직일 수 있다면
뭘 하고 싶어?

20 ....

....

....

20 ....

....

....

20 ....

....

....

꿈쌤의
토닥토닥 말풍선

24시간이 모자란 내게 한 시간이 더 주어진다면 얼마나 좋을까.
하루에 자투리 시간만 틈틈이 모아도 보너스처럼 내게 한 시간이 주어질 거야.

August

친구들 사이에서 리더 역할을 해본 경험이 있어?

20

. . . .

. . . .

20

. . . .

. . . .

20

. . . .

. . . .

. . . .

August

만약 창업을 할 수 있는 기회가 생긴다면 도전하고 싶은 창업 아이템은?

20

. . . .

. . . .

20

. . . .

. . . .

20

. . . .

. . . .

꿈샘의
토닥토닥 말풍선

창업을 하려면 창의적인 아이템과 기업가로서의 도전 정신이 필요해.
나의 경쟁력있는 창업 아이템을 기획해보자.

August

SNS에 내가 마지막으로 업데이트 한 글은 무슨 내용이야?

20

....

....

20

....

....

20

....

....

....

August

가장 듣고 싶은 좋은 소식은?

20

20

20

꿈쌤의
토닥토닥 말풍선

고백 성공? 합격 발표? 이벤트 당첨? 기다리던 소식을 듣기까지의 그 긴장감과 설렘.

내일은 또 어떤 좋은 일이 나를 기다리고 있을까?

August

살면서 내가 한 최고의 선택은?

20

. . . .

. . . .

20

. . . .

. . . .

20

. . . .

. . . .

꿈쌤의
토닥토닥 말풍선

인생은 항상 선택의 연속이야. 그 순간 어떤 선택을 했느냐에 따라 나의 삶도 달라지거든.

항상 옳은 선택을 할 순 없지만 내가 한 선택에 후회는 하지 말자!

August

부모님께 가장 고마움을 느낄 때는 언제야?

20   ....

          ....

          ....

20   ....

          ....

          ....

20   ....

          ....

          ....

August

자꾸만 쉽게 포기하는 일이 있어? 그 이유는 무엇일까?

20

20

20

꿈쌤의
토닥토닥 말풍선

쉽게 포기하는 이유는 '내일 해야지. 다음에 하면 되겠지'라며
오늘 해야 할 일들을 자꾸 내일로 미루는 습관 때문이 아닐까?
하고 싶은 일이 있다면 지금 당장 시작해. Right Now!

August

어릴 때부터 꾸준히 해온 일이 있다면?

20

20

20

August

요즘 내가 중독되어 있는 것이 있다면?

20

....

....

20

....

....

20

....

....

....

꿈쌤의
토닥토닥 말풍선

청소년 시기에는 무언가에 푹 빠지기도 쉽고 한번 빠지면 벗어나기 어려울 때도 있어.
새로운 것에 조금씩 눈을 돌리면서 나에게 변화를 주는 건 어떨까?

August

광복절은 나에게 어떤 의미가 있을까?

20

20

20

꿈쌤의
토닥토닥 말풍선

내가 태어난 대한민국이 나라를 되찾고 해방되어 기쁜 날!
광복절이 있었기에 우리가 지금 자유와 평화를 누릴 수 있다는 걸 잊지 말자!
대한독립 만세!

August

아빠와 단둘이 시간을 보낸다면 하고 싶은 일은?

20

20

20

August

내가 살아 있다고 느낄 때는 언제야?

20 ....

....

....

20 ....

....

....

20 ....

....

....

꿈쌤의
토닥토닥 말풍선

나의 존재 이유를 느끼는 순간,
그 순간을 잘 찾아보고 깊이 들여다보면 내가 진정 원하는 것이 무엇인지 찾을 수 있어.

August

최근 가장 억울했던 순간은?

20

. . . .

. . . .

. . . .

20

. . . .

. . . .

20

. . . .

. . . .

. . . .

꿈샘의
토닥토닥 말풍선

살다 보면 억울한 일이 한번쯤은 생길 거야. 이럴 때일 수록 지혜롭게 대처해야 돼.
물론 화도 나고 속상하겠지만 왜 이런 일이 생겼나 성찰하며 자신을 돌아본다면
억울함이 조금은 해소될 거야.

August

내 시간의 주인은 누구일까?

20 ....

....

....

20 ....

....

....

20 ....

....

....

August

내 자신한테 미안함을 느낄 때가 있었니?

20 ....

....

....

20 ....

....

....

20 ....

....

....

꿈쌤의
토닥토닥 말풍선

누군가에게는 사소한 일에도 미안해하고 신경 쓰면서
정작 나 자신에게는 무심하고 내 마음을 몰라주는 건 아닌지.
그 누구보다 내 자신을 소중히 아끼자.

21

August

반에서 인기 있는 친구는 누구야?
그 친구에게 본받고 싶은 점은?

20

20

20

꿈쌤의
토닥토닥 말풍선

그 친구의 인기 비결을 잘 관찰해봐.
본받을 점이 있다면 나의 매력으로 만들어보자!

August

1년 전으로 돌아간다면 되돌리고 싶은 일은?

20 ....

....

....

20 ....

....

....

20 ....

....

....

August

성공하는 사람들의 비결은 뭐라고 생각해?

20

20

20

August

요즘 하루 평균 수면 시간은?

20

20

20

August

요즘 나의 취향을 저격한 것이 있다면?

20

. . . .

. . . .

20

. . . .

. . . .

20

. . . .

. . . .

꿈쌤의
토닥토닥 말풍선

무엇이든지 상관없어. 나의 취향을 저격한 내 마음에 쏙 드는 아이템을 친구와도 공유해보자.

August

가족 중에 나와 가장 잘 통하는 사람은 누구야?

20

. . . .

. . . .

20

. . . .

. . . .

20

. . . .

. . . .

. . . .

꿈쌤의
토닥토닥 말풍선

아빠, 엄마, 형제, 자매 가족은 이 세상에 둘도 없는 내 편이야.
그중에서도 나와 가장 잘 통하는 내 편! 고마워♡

August

안정적인 직업을 추구해? 모험적인 직업을 추구해?

20 ....

....

....

20 ....

....

....

20 ....

....

....

꿈쌤의
토닥토닥 말풍선

안정적인 직업이든 모험적인 직업이든 내가 좋아하고 원하는 직업을 추구하는 게 중요해!

August

남 앞에서 당당하게 말할 수 있어?

20

20

20

꿈쌤의
토닥토닥 말풍선

스피치는 자신감이야. 평소에 자신의 생각을 남 앞에서 당당하게 말하는 훈련을 꾸준히 해보자.
그럼 각종 면접이나 발표에 도움이 될 뿐만 아니라 멋진 리더로 성장할 수 있을 거야.

August

방학 동안 가장 기억에 남는 추억이 있다면?

20

20

20

꿈쌤의
토닥토닥 말풍선

여름방학도 눈 깜짝할 사이에 지나가버렸어. 그래도 즐거운 추억을 만들어서 다행이야.

이제 다가오는 다음 학기도 힘내자!

August

요즘 가장 큰 비중을 차지하고 있는 생각은 뭐야?

20

20

20

꿈쌤의
토닥토닥 말풍선

그 생각은 요즘 나에게 가장 큰 고민거리이기도 할 거야.
부정적인 생각보다는 긍정적인 생각이 많았으면 좋겠다.

August

지금 이 다이어리를 쓰는 시각은 몇 시 몇 분이야?

20 ....

....

....

20 ....

....

....

20 ....

....

....

1년 뒤 오늘, 그리고 2년 뒤 오늘...
나는 몇 시 몇 분에 또다시 이 다이어리를 펼치게 될까?

September

존경하는 인물은 누구야? 그 이유는?

20 ....

....

....

20 ....

....

....

20 ....

....

....

꿈쌤의
토닥토닥 말풍선

존경하는 인물로부터 본받고 싶은 점을 생각해보고
따라서 실천하다 보면 조금씩 닮아가는 나를 발견할 수 있을 거야.

September

대학 탐방을 간다면 가보고 싶은 학교와 학과는?

20

. . . .

. . . .

20

. . . .

. . . .

20

. . . .

. . . .

**꿈쌤의
토닥토닥 말풍선**

내가 원하는 대학 캠퍼스를 직접 거닐어 보고, 희망하는 학과에서 배우는 내용을 구체적으로 탐방하다 보면
자극도 받고 동기부여가 되서 구체적으로 꿈꿀 수 있을 거야.

September

생일에 받고 싶은 선물은?

20

· ·

· ·

· ·

20

· ·

· ·

· ·

20

· ·

· ·

· ·

꿈쌤의
토닥토닥 말풍선

혹시 알아? 나의 마음을 누군가 알아주고 선물해줄지!

September

가장 최근에 들은 노래는?

20

. . . .

. . . .

. . . .

20

. . . .

. . . .

. . . .

20

. . . .

. . . .

꿈쌤의
토닥토닥 말풍선

요즘 유행하는 최신 노래? 아니면 오랫동안 정든 추억의 노래?
음악은 우리의 삶을 풍요롭게 해주는 것 같아.

September

로또에 당첨된다면 무엇을 하고 싶어?

20

. . . .

. . . .

20

. . . .

. . . .

20

. . . .

. . . .

꿈쌤의
토닥토닥 말풍선

어쩌면 이 질문에 대한 대답이야말로
내가 가장 원하는 것일지 몰라.

September

나의 꿈을 위해 나에게 꼭 필요한 능력은 무엇일까?

20 ....

....

....

20 ....

....

....

20 ....

....

....

September

친구에게 추천해주고 싶은 책이 있다면?

20

....

....

....

20

....

....

....

20

....

....

....

꿈쌤의
토닥토닥 말풍선

독서의 계절 가을이야. 감동과 자극을 주는 책을 만나면 참 기분이 좋아.
내가 느낀 그 감동을 친구도 느낄 수 있게 나의 소중한 친구에게 그 책을 슬쩍 건네보는 건 어떨까?

September

오늘 스마트폰으로 주로 한 건 뭐야?

20

20

20

September

최근에 실패한 경험이 있어?

20

20

20

September

지금 이 순간 떠오르는 가족과 행복했던 순간은?

20

20

20

언제나 든든한 내 편이 되어주는 가족, 서로 바쁘다는 이유로 함께 보낸 시간 조차 없는 건 아닌지.

다시 돌아오지 않을 나의 10대, 후회없이 가족과 함께 크고 작은 행복한 추억 많이 만들어보자.

September

나의 열정의 온도는 몇 도일까?

20

. . . .

. . . .

20

. . . .

. . . .

20

. . . .

. . . .

. . . .

꿈샘의
토닥토닥 말풍선

나의 열정 온도가 아직 미지근하다면 온도를 높여보자!
나의 꿈을 향해 한걸음씩 내딛을 때마다 나의 열정 온도는 1℃씩 올라갈 거야.

September

한번쯤 도전해보고 싶은 공모전이 있다면?

20   ....

          ....

          ....

20   ....

          ....

          ....

20   ....

          ....

          ....

꿈샘의
로닥로닥 말풍선

주위를 둘러보면 내가 참여해볼 수 있는 다양한 수기전, 공모전들이 참 많은데
나와는 상관없다며 무심하게 지나치는 건 아닌지. 도전하다보면 나만의 노하우가 쌓일 거야.
결과에 상관없이 도전한다는 그 자체에 의미가 있다는 걸 잊지 마.

September

최근 양심의 가책을 느낀 순간은?

20

· ·

· ·

· ·

20

· ·

· ·

· ·

20

· ·

· ·

· ·

꿈쌤의
토닥토닥 말풍선

양심의 가책을 느낀다는 것은 스스로 잘못을 인정하는 거니까 괜찮아.
반성하고 뉘우치는 태도가 더 중요하단다.

September

내가 갖고 있는 좋은 습관이 있다면?

20

20

20

좋은 습관은 나의 인생을 바꿀 수 있는 강력한 힘을 갖고 있어.

이 습관을 놓치지 말고 잘 유지한다면 분명 내 꿈을 이루는 데 큰 도움이 될 거야.

September

해외여행을 해본 적 있어?

20

....

....

....

20

....

....

....

20

....

....

....

꿈샘의
토닥토닥 말풍선

다른 나라, 다른 언어, 다른 문화를 경험하면 견문과 생각이 자라난단다.
기회가 주어지면 꼭 가보길 추천해!

September

무언가를 위해 간절히 기도해본 순간은 언제야?

20

20

20

September

돈보다 더 중요한 가치는 무엇이라고 생각해?

20

. . . .

. . . .

. . . .

20

. . . .

. . . .

. . . .

20

. . . .

. . . .

. . . .

꿈쌤의
토닥토닥 말풍선

돈도 중요하지만 돈 보다 중요한 것들이 이 세상에는 너무 많아.
지금 내가 적은 가치들이 내 삶의 기준과 방향을 제시해줄 거야.

September

내가 가장 좋아하는 요일과 그 이유는?

20

20

20

꿈쌤의
토닥토닥 말풍선

월화수목금토일 각 요일마다 각각의 좋은 이유를 만들어봐.
그럼 하루 하루가 신이 나고 일주일이 시간가는 줄 모를거야.

September

혼자 있고 싶다고 느낄 때는?

20

. . . .

. . . .

20

. . . .

. . . .

20

. . . .

. . . .

꿈쌤의
토닥토닥 말풍선

기분이 울적하거나 생각할 시간이 필요할 때 혼자만의 조용한 시간을 보내봐.
가끔은 혼자만의 시간을 갖는 것도 나를 위한 작은 선물이야.

September

나의 꿈을 실현하는데 필요한 사람이 있다면?

20

20

20

September

만나 보고 싶은 작가가 있어?

20

. . . .

. . . .

. . . .

20

. . . .

. . . .

. . . .

20

. . . .

. . . .

. . . .

꿈쌤의
토닥토닥 말풍선

책을 읽다 보면 만나 보고 싶은 작가가 생길 거야.
작가를 만나면 어떤 질문을 던질지도 한번 생각해봐.

September

함께 협동해서 성공한 경험이 있다면?

20

....

....

....

20

....

....

....

20

....

....

....

꿈쌤의
토닥토닥 말풍선

혼자 할 때보다 함께할 때 더 많은 것을 성취할 수가 있어.
'빨리 가려면 혼자 가고, 멀리 가려면 함께 가라'는 말처럼 우리 오래 멀리 함께 가자!

September

하루 중 가장 기분이 좋을 때는 언제야?

20

....

....

....

20

....

....

....

20

....

....

....

꿈쌤의
토닥토닥 말풍선

나의 하루는 내 자신이 만드는 것! 하루 중 나만의 힐링타임을 만들자.
그래서 지금 나의 기분은? Good!

September

내가 갖고 있는 반전매력이 있다면?

20 ....

....

....

20 ....

....

....

20 ....

....

....

꿈샘의
토닥토닥 말풍선

겉보기와 다른 반전매력은 나를 더욱 빛나게 하는 법!
나에 대해 깨고 싶은 편견이 있다면 나만의 반전매력을 선보이는 건 어때?

September

부모님이 이해가 안 되고 답답할 때는?

20

. . . .

. . . .

20

. . . .

. . . .

20

. . . .

. . . .

**꿈쌤의
토닥토닥 말풍선**

사랑하는 마음이 크면 클수록 부모님의 말과 행동에 민감하고 쉽게 상처받거나 갈등이 깊어질 수 있어.
감정적으로 해결하기보다 나의 진심을 담아 문자나 편지를 써보는 건 어떨까.
누가 뭐래도 부모님은 항상 내 편임을 잊지 마.

September

전생에 나는 무엇이었을까?

20 ....

....

....

20 ....

....

....

20 ....

....

....

꿈쌤의
토닥토닥 말풍선

전생이 정말 있을까? 과거와 현재가 연결되있다고 생각하면 참 신기해.
전생에 무엇이었으면 어때! 지금 사는 세상의 내가 중요하지.

September

외국인 친구에게 자신 있게 소개해주고 싶은 우리나라 명소는?

20

20

20

꿈샘의
토닥토닥 말풍선

갑자기 외국인 친구가 놀러와 가이드 요청을 하면 당황스러울지도 몰라.
자신 있게 소개해줄 곳을 미리 생각해 놓는다면 그런 걱정은 없겠지?

September

오늘 친구들과 주로 나눈 대화 내용은?

20

20

20

September

나의 댄스 실력은 어때?

20

20

20

윗, 비밀인데 꿈쌤은 몸치란다. 그럼에도 불구하고 쌤은 막춤 추는 걸 좋아해^^

춤은 그 순간 자유롭게 나를 표현할 수 있거든. 쑥스러워하지 말고

남 시선 신경쓰지 말고 리듬에 내 몸을 맡겨봐 ♬

September

친한 친구가 돈을 빌려달라고 하면 어떻게 할거야?
어느 정도까지 빌려줄 수 있어?

20

20

20

꿈쌤의
토닥토닥 말풍선

돈 때문에 친구 관계가 멀어질 수도 있으니 아무리 친한 사이더라도
돈 관계는 명확하게 하는 것이 좋단다.

October

내일 당장 기차를 타고 떠날 수 있다면
누구와 함께 어디에 가고 싶어?

20
....

....

....

20
....

....

....

20
....

....

....

꿈쌤의
토닥토닥 말풍선

날씨도 좋은 10월의 어느 멋진 날!
그래, 맘 먹고 그 사람과 함께 떠나는 거야. 열심히 공부한 당신! 떠나라!

October

실수를 통해 깨달음을 얻은 적 있어?

20

....

....

....

20

....

....

....

20

....

....

....

꿈쌤의
토닥토닥 말풍선

실수하면 어때! 누구나 실수를 하기 마련이야.
실수를 통해 배우고 개선해나가면서 한단계 성장하는 게 더 중요해.
괜찮아, 실수를 두려워하지 말고 자신감을 가져. 나는 할 수 있다!

October

요즘 가장 흥미 있어 하는 핫이슈는?

20

. . . .

. . . .

20

. . . .

. . . .

20

. . . .

. . . .

꿈쌤의
토닥토닥 말풍선

아하~! 요즘 내가 이 재미에 사는구나.
내년 이맘 때는 또 어떤 이슈가 나를 흥미롭게 만들까?

October

1년 뒤 나에게 전해주고 싶은 응원 메시지는?

20

20

20

꿈쌤의
토닥토닥 말풍선

1년 뒤 나는 어떤 모습일지 궁금하지?

내 꿈을 위해 성실하게 노력해나가고 있다면 작년보다 오늘의 내가 더 멋질 거야.

그런 나의 모습을 상상하며 후회없도록 오늘 하루도 힘내자!

October

좋은 친구는 어떤 친구라고 생각해?

20

. . . .

. . . .

20

. . . .

. . . .

20

. . . .

. . . .

. . . .

꿈쌤의
토닥토닥 말풍선

나는 친구들에게 어떤 친구일까?
좋은 친구를 사귀고 싶다면 내가 먼저 좋은 친구가 되어야 한다는 것, 잊지 마!유유상종!
좋은 사람은 좋은 사람끼리 서로 알아보는 법이거든.

October

가장 최근에 본 영화는?

20

....

....

....

20

....

....

....

20

....

....

....

October

가장 좋아하는 군것질거리는?

20

. . . .

. . . .

20

. . . .

. . . .

. . . .

20

. . . .

. . . .

. . . .

꿈쌤의
토닥토닥 말풍선

때로는 달콤한 맛으로, 때로는 매운 맛으로 나를 위로해주는 고마운 간식들 ^^

October

지금 이 순간을 즐기기 위해 가장 필요한 것은 무엇일까?

20

20

20

꿈쌤의
토닥토닥 말풍선

지금 살고 있는 현재 이 순간에 충실하면서 매사에 긍정적인 마음으로 임한다면 세상이 즐겁지 않을까?
한 번뿐인 나의 소중한 인생을 즐겁고 멋지게 사는 가장 쉬운 방법은 바로 카르페 디엠!

October

한글이 자랑스럽다고 느끼는 순간은?

20

....

....

20

....

....

20

....

....

꿈쌤의
토닥토닥 말풍선

오늘은 세종대왕이 훈민정음을 온 세상에 알린 것을 기념하는 날이야.
한글만큼 우수한 문자도 없대! 자부심을 갖자.

October

최근 가장 고마움을 느낀 사람이 있다면 누구야?

20 ....

....

....

20 ....

....

....

20 ....

....

....

11

October

나의 30대는 어떤 모습일까?

20

. . . .

. . . .

20

. . . .

. . . .

20

. . . .

. . . .

꿈쌤의
토닥토닥 말풍선

대학을 졸업하고, 직장에 다니겠지? 결혼을 했을지도 몰라!
구체적으로 상상해봐, 이루어질지도 모르잖아?

October

내 인생을 바꾼 한 권의 책이 있다면?

20

....

....

....

20

....

....

....

20

....

....

....

October

오늘 무슨 일로 바빴어?

20   ....

....

....

20   ....

....

....

20   ....

....

....

October

자식을 낳는다면 이름을 뭐라고 짓고 싶어?

20

. . . .

. . . .

20

. . . .

. . . .

20

. . . .

. . . .

꿈쌤의
토닥토닥 말풍선

내 이름을 따서 지을까? 존경하는 누군가의 이름을 넣어 볼까?
두근두근, 즐거운 상상!

October

말실수를 통해 오해가 생기거나 난처했던 경험이 있어?

20

20

20

말 한마디로 천냥 빚을 갚기도 하지만 말 한마디로 패가망신하는 경우도 있어.
가깝고 친한 사이일수록 말은 조심히 신중하게! 말 조심! 입 조심!

October

경험해보고 싶은 대외활동이 있다면?

20

20

20

October

특별히 기억에 남거나 내게 도움이 되었던 TV 프로그램은?

20

. . . .

. . . .

20

. . . .

. . . .

20

. . . .

. . . .

꿈쌤의
토닥토닥 말풍선

앗! 꿈쌤도 좋아하는 프로그램인데 ㅎㅎ 우리 통했다!

October

예상치 못했던 기쁘거나 반가운 소식은?

20

. . . .

. . . .

20

. . . .

. . . .

20

. . . .

. . . .

꿈쌤의
토닥토닥 말풍선

예상치 못했던 기쁜 소식이나 기다리던 반가운 소식은
나를 행복하고 기분좋게 만들곤 해. 반가운 기쁜 소식 축하해^^

October

세상에서 가장 어려운 일은?

20 ....

....

....

20 ....

....

....

20 ....

....

....

꿈쌤의
토닥토닥 말풍선

내 자신을 믿는다면 세상에 어려운 일은 없을 거야.

October

최근에 아팠던 적이 있니?

20

. . . .

. . . .

. . . .

20

. . . .

. . . .

. . . .

20

. . . .

. . . .

. . . .

꿈쌤의
토닥토닥 말풍선

저런, 많이 아팠구나? 이제 괜찮지?
꿈쌤이 호~ 해줄게. 얼른 회복하자!

October

지금 내가 가장 급하게 해야 할 일은?

20

20

20

꿈쌤의
로닥토닥 말풍선

급하다고 서두르다가는 실수할 수 있어.
급할수록 차근차근, 꼼꼼하게 해내자!

October

공부, 꼭 해야 할까?

20

. . . .

. . . .

20

. . . .

. . . .

20

. . . .

. . . .

꿈쌤의
토닥토닥 말풍선

공부 하기 싫으면 안 해도 돼. 하지만 어떤 경우에도 완전히 포기하지는 말자.
무엇을 하든 공부는 적어도 내 꿈에 대한 예의야.

October

지금 이 순간 나의 감정을 표현한다면?

20 ....

....

....

20 ....

....

....

20 ....

....

....

꿈쌤의
토닥토닥 말풍선

나의 모든 감정은 다 중요해. 순간 순간 나의 감정을 잘 알아차리는 것,
바로 나를 사랑하는 가장 첫 걸음이란다.
있는 그대로의 나의 감정을 존중하고 표현해봐. 내 감정에 충실해보기.

October

온라인 속의 나와 현실 속의 나는 어떻게 달라?

20

20

20

꿈쌤의
토닥토닥 말풍선

혹시 익명성 뒤에 비겁하게 숨어 남을 비난하고 있는 건 아닌지.
건강하고 바른 인터넷 문화를 만들어가자 ^^

October

엄마가 해준 음식 중에 가장 맛있는 것은?

20

20

20

October

학원을 다녀야 한다 VS 다니지 말아야 한다. 나의 생각은?

20

20

20

27

October

내가 평소에 자주 대는 핑계는?

20

. . . .

. . . .

20

. . . .

. . . .

20

. . . .

. . . .

꿈쌤의
토닥토닥 말풍선

핑계는 또 다른 핑계를 낳는 법! 나 자신을 스스로 합리화시키는 핑계는 내 꿈에 가장 큰 방해꾼이야.
사람들은 내가 만든 핑계에 따라 나를 기억한다는 걸 명심해!

October

기억에 남는 연극 공연이 있다면?

20

. . . .

. . . .

20

. . . .

. . . .

20

. . . .

. . . .

꿈쌤의
토닥토닥 말풍선

연극은 영화와는 또 다른 매력을 지닌 예술이야.
기회가 된다면 가장 앞자리에 앉아서 배우의 얼굴을 들여다보렴.

October

과일 좋아해? 마지막으로 먹은 과일은?

20

20

20

October

친구가 약속시간에 늦는다면 얼마나 기다릴 수 있어?

20

20

20

October

좋아하는 음악 분야는?

20

20

20

꿈쌤의
토닥토닥 말풍선

대중가요, 재즈, 클래식... 다양한 음악은 두뇌발달에도 도움을 줘.
좋아하는 뮤지션의 노래를 흥얼거리며, 오늘 하루도 잘 마무리 해볼까?

November

무언가를 하며 밤을 지새워본 적이 있어?

20

20

20

November

요즘 나를 심쿵하게 하는 일이 있다면?

20

. . . .

. . . .

. . . .

20

. . . .

. . . .

. . . .

20

. . . .

. . . .

. . . .

꿈샘의
토닥토닥 말풍선

나의 심장을 쿵쾅쿵쾅 만들어버리는 너란 존재. 미쳐버리겠어~!

November

헤어스타일에 변화를 준다면 어떤 스타일을 하고 싶어?

20 ....

....

....

20 ....

....

....

20 ....

....

....

November

상대방과 약속을 지키지 못해 미안했던 경험은?

20

· ·

· ·

20

· ·

· ·

20

· ·

· ·

꿈쌤의
토닥토닥 말풍선

부득이하게 약속을 지키지 못한 경우는 꼭 상대방에게 미리 양해를 구해야 해.
약속은 신뢰의 기본이거든. 지키지 못할 약속은 처음부터 하지 않기!

November

내가 꿈꾸는 결혼 생활의 로망은?

20

. . . .

. . . .

. . . .

20

. . . .

. . . .

. . . .

20

. . . .

. . . .

. . . .

꿈쌤의
토닥토닥 말풍선

아직 나에게는 먼 이야기 같지? 결혼은 내 인생의 아주 중요한 결정 중 하나야.

결혼에 대해 올바른 가치관을 갖는 것도 중요하다는 걸 명심해.

November

지난 한 달 동안 책 몇 권이나 읽었어? 읽은 책 제목을 적어봐.

20

20

20

November

최근 가장 기억에 남는 대박 사건은?

20

20

20

November

나의 이상형은? 구체적으로 적어봐.

20

. . . .

. . . .

. . . .

20

. . . .

. . . .

. . . .

20

. . . .

. . . .

. . . .

꿈쌤의
토닥토닥 말풍선

언젠가 꼭 그 이상형을 만날 수 있을까?

November

가까운 이의 죽음을 경험해본 적이 있니?

20

. . . .

. . . .

20

. . . .

. . . .

20

. . . .

. . . .

꿈쌤의
토닥토닥 말풍선

어린 나이에 경험한 죽음은 아주 충격적이었거나 별로 와닿지 않았을지도 몰라.
사람은 누구나 죽는단다. 한 번뿐인 소중한 내 인생을 위해 오늘도 파이팅!

November

만약 부모님이 나의 꿈을 반대한다면 어떻게 할 거야?

20

. . . .

. . . .

20

. . . .

. . . .

20

. . . .

. . . .

꿈쌤의
토닥토닥 말풍선

가장 가까운 부모님조차 설득하지 못하는 꿈은 그 누구에게도 인정받기 어려워.
꿈을 향한 나의 의지를 부모님께 충분히 보여드리자. 내 꿈은 내가 결정하는 거야!

November

오늘 누구와 빼빼로를 몇 개나 주고받았어?

20

20

20

November

이 다이어리를 쓰고 있는 이유는?

20

. . . .

. . . .

. . . .

20

. . . .

. . . .

. . . .

20

. . . .

. . . .

. . . .

꿈쌤의
토닥토닥 말풍선

기록하면 기억된다고 해.
나의 소중한 일상을 기록하는 지금 이 순간이 훗날 다시 이 다이어리를 펼쳤을 때 기억될 거야.

November

가끔 내 자신이 이해가 안 될 때가 있어?

20 ....

....

....

20 ....

....

....

20 ....

....

....

꿈쌤의
토닥토닥 말풍선

나도 모르게 불쑥 튀어나오는 나의 본성이나 행동때문에 스스로 놀란 적 있지?
그럼 어때, 그 모습조차 나의 모습인 걸. 그럴 땐 스스로 다독여주기를.

November

악몽을 꾼 적 있어?

20

20

20

November

내가 죽으면 울어줄 것 같은 사람은?

20 ···

···

···

20 ···

···

···

20 ···

···

···

November

중요한 일을 앞두고 나만의 징크스가 있다면?

20

20

20

November

집은 나에게 어떤 의미가 있어?

20

20

20

꿈쌤의
토닥토닥 말풍선

집은 단순한 휴식공간을 넘어 나에게 다양한 의미를 소중한 곳이야.
당연하기에 미처 집의 소중함을 놓치고 있는 것은 아닌지 집의 의미를 생각해보자.

November

내가 싫어하는 사람의 유형은?

20

. . . .

. . . .

20

. . . .

. . . .

20

. . . .

. . . .

꿈쌤의
토닥토닥 말풍선

맞아. 이런 사람 정말 싫다.
나는 적어도 이런 사람은 되지 말자고 스스로 다짐해보기.

November

남녀사이에 친구가 가능할까?

20 ....

....

....

20 ....

....

....

20 ....

....

....

꿈쌤의
토닥토닥 말풍선

사람마다 차이는 있지만 남녀 사이에 친구가 충분히 가능해.
다만, 어느 한쪽이 우정에서 사랑으로 감정이 바뀐다면 친구 사이가 깨질 수도 있겠지.
아~ 남녀간의 사랑과 우정 사이 참 어렵지?

November

5년 후 나는 어떤 모습으로 살아가고 있을까?

20 ....

....

....

20 ....

....

....

20 ....

....

....

꿈쌤의
토닥토닥 말풍선

5년을 구체적으로 계획하고 꾸준히 실천해나간다면 5년 후의 미래의 나와 웃으며 만날 수 있을 거야.

November

내 자신에게 스스로 상을 준다면 주고 싶은 상은?

20

. . . .

. . . .

20

. . . .

. . . .

20

. . . .

. . . .

**꿈쌤의
토닥토닥 말풍선**

이 세상에서 가장 귀하고 가치있는 상은 바로 내가 나에게 주는 상이 아닐까?
한 해를 보내며 수고한 나에게 스스로 상을 줘봐!

November

나의 어처구니 없는 실수에 스스로 당황스러웠던 적은?

20

20

20

November

추천하고 싶은 내 인생 최고의 영화와 그 이유는?

20

20

20

November

내가 사랑받고 있다고 느낄 때는 언제야?

20

. . . .

. . . .

. . . .

20

. . . .

. . . .

. . . .

20

. . . .

. . . .

. . . .

November

첫눈이 내리는 날 해보고 싶은 일은?

20

20

20

꿈샘의
토닥토닥 말풍선

첫눈이 내리면 괜히 설레고 기분이 좋아.
첫눈 오는 날 나만의 특별한 이벤트를 만들어보는 건 어때? 해마다 첫눈 오는 날을 기다리게 될지 몰라.

November

최근에 들은 칭찬 중 기억에 남는 칭찬은?

20

20

20

November

오늘 내 마음의 점수는 몇 점?

20 ....

....

....

20 ....

....

....

20 ....

....

....

November

나는 학교에서 어떤 학생이야?

20

20

20

꿈쌤의
토닥토닥 말풍선

스스로 나는 어떤 학생인지 평가해보자.
잘하고 있는 점은 칭찬해주고, 부족한 점은 보완해서
내년에는 후회없는 학교 생활을 할 수 있도록 반성해보는 거야.

November

누군가에게 미움을 받아 마음이 아팠던 적 있어?

20

20

20

많이 힘들었지?

괜찮아. 내가 아무리 잘 보이려고 애써도 나를 미워하고 싫어하는 사람은 반드시 있게 마련이야.

미움받을 용기를 낼 때 비로서 행복해질 용기도 생긴다는 거 잊지 마.

November

진로를 선택할 때 가장 중요한 것은?

20

．．．．．．．

．．．．．．．

20

．．．．．．．

．．．．．．．

20

．．．．．．．

．．．．．．．

꿈쌤의
토닥토닥 말풍선

진로를 선택할 때는 나의 흥미와 적성에 잘 맞는 직업을 탐색하고 체험해보면서
정말 내가 원하는 길인지 신중하게 잘 생각해서 선택하는 것이 중요해.

December

올 해 가장 뿌듯했던 일 3가지는?

20

20

20

December

집에 혼자 있으면 뭐해?

20

20

20

December

가장 서럽게 울었던 기억은?

20

20

20

꿈쌤의
토닥토닥 말풍선

그랬었구나.. 내가 그때 참 많이 힘들고 속상하기도 했겠구나.
아픈만큼 성장한다고 잘 이겨냈어. 괜찮아, 힘내!

December

꼭 보고 싶었던 공연 티켓 2장이 생긴다면 누구와 갈 거야?

20

· ·

· ·

20

· ·

· ·

20

· ·

· ·

꿈쌤의
토닥토닥 말풍선

내가 꼭 보고 싶었던 공연에 함께 동반할 그 사람은 내게 참 소중한 사람일 거야.
이왕 이렇게 된 거 꼭 함께 좋은 시간 보낼 계획을 만들어봐.

December

진로적성검사에서 추천해주는 나의 유형은?

20

. . . .

. . . .

20

. . . .

. . . .

20

. . . .

. . . .

꿈쌤의
토닥토닥 말풍선

진로적성검사나 흥미도검사는 막연했던 진로의 방향을 잡을 수 있는 좋은 기회야.
무심코 받았던 검사결과표를 그냥 흘려듣고 넘어가지 말고,
미처 발견하지 못했던 나의 적성과 가능성을 발견하는 기회로 삼아봐.

December

어려운 선택을 해야하는 경우 나만의 기준이 있다면?

20

. . . .

. . . .

20

. . . .

. . . .

20

. . . .

. . . .

꿈쌤의
토닥토닥 말풍선

선뜻 결정하기 어려운 선택의 기로에서 주로 누군가에게 조언을 구하며 결정하는 경우도 있을 거야.
참고는 할 수 있지만 남에게 묻지마. 중요한 결정은 나 스스로에게 묻고 결정하자. 내 인생이잖아!

December

SNS에 대한 나의 생각은?

20

. . . .

. . . .

20

. . . .

. . . .

20

. . . .

. . . .

꿈쌤의
토닥토닥 말풍선

스마트폰이 대중화되면서 SNS는 생활의 일부가 되어버린 경우가 많아.
나에게 SNS는 어떤 의미가 있고, 나에게 어떤 장점과 단점을 주는지 생각해보자.

December

내 외모 중 고치고 싶은 곳이 있다면?

20

20

20

December

떠올리기만 해도 나를 미소 짓게 만드는 사람은 누구야?

20

20

20

December

가장 최근에 한 데이트는?

20 . . . .

. . . .

. . . .

20 . . . .

. . . .

. . . .

20 . . . .

. . . .

. . . .

꿈쌤의
토닥토닥 말풍선

이성친구, 단짝친구, 부모님... 데이트는 누구와도 할 수 있지!
오늘은 누구와 데이트를 해볼까?

December

동아리 활동을 통해 배운 점이 있다면?

20

20

20

꿈쌤의
토닥토닥 말풍선

동아리 활동은 내가 스스로 선택해서 자발적으로 참여하는 것이 중요해.
그래야 누가 시키지 않아도 적극적으로 참여할 수 있거든. 역시 잘했어!

December

겨울이 되면 떠오르는 것은?

20

20

20

December

추위를 이기는 나만의 노하우가 있다면?

20

20

20

꿈쌤의
토닥토닥 말풍선

손이 시려워 꽁! 발이 시려워 꽁! 겨울 바람 때문에~ 꽁꽁꽁!
쌩쌩 부는 칼바람도 당당하게 이겨낼 수 있는 노하우, 쌤한테도 알려줘~!

December

최근 내가 타인을 위해 베푼 작은 선행이 있다면?

20

. . . .

. . . .

20

. . . .

. . . .

20

. . . .

. . . .

. . . .

꿈쌤의
토닥토닥 말풍선

그렇게 작은 선행들이 모여 따뜻하고 아름다운 세상을 만든단다.
지금처럼 하루에 한 가지씩 작은 선행을 실천해보는 거야.

December

현재 간절히 바라는 소원 딱 한 가지는?

20

20

20

그 소원을 이루기 위해 내가 할 수 있는 일이 무엇인지 생각해보자.

꼭 이루어질거야. 꿈쌤도 함께 기도하고 응원해줄께.

December

행복한 사람들에게 발견되는 공통점은 무엇일까?

20

20

20

꿈쌤의
토닥토닥 말풍선

행복해보이는 사람들을 잘 관찰해봐.
무엇이 그들을 행복하게 만들었을까?

17

December

내가 즐겨 찾는 우리 동네 맛집은?

20

. . . .

. . . .

. . . .

20

. . . .

. . . .

. . . .

20

. . . .

. . . .

. . . .

꿈쌤의
토닥토닥 말풍선

먹는 즐거움이 없다면 이 세상을 무슨 재미로 살까!
내가 즐겨찾는 우리 동네 맛집, 꿈쌤한테도 추천해줘.

December

이 다이어리를 쓰면서 나에게 일어났으면 하는 변화는?

20

20

20

December

누군가에게 고백을 해본 적이 있어?

20

20

20

꿈쌤의
토닥토닥 말풍선

'고백'이라는 단어는 참 설레는 것 같아. 그거 알아?
고백은 사랑할 수 있는 기회를 잡는 용기 있는 자만의 특권이란 걸.

December

지금 당장 무언가 시작할 수 있다면 해보고 싶은 일은?

20

20

20

December

올해 나의 최고 & 최저 성적은?

20

. . . .

. . . .

20

. . . .

. . . .

20

. . . .

. . . .

꿈쌤의
토닥토닥 말풍선

'성적'이란 결과로 나 자신을 평가하지 마.
결과보다 중요한 건 과정이야.
이정도면 충분히 잘했어. 내년에도 후회없이 파이팅하자!

December

다가오는 크리스마스! 나의 계획은?

20 ....

....

....

20 ....

....

....

20 ....

....

....

꿈쌤의
토닥토닥 말풍선

크리스마스에 집에서 뒹굴뒹굴 TV보는 것도 나쁘지 않지만
이번 크리스마스에는 특별한 추억을 만들어보는 건 어때?
가족과 친구들과 즐거운 크리스마스 보내! 메리 크리스마스!

December

가장 나다운 모습은 어떤 모습일까?

20

20

20

꿈쌤의
토닥토닥 말풍선

도대체 나다운게 뭘까? 나다움을 찾는다는 건 생각보다 어렵지 않아.

내가 정말 좋아하고 하고 싶은 일이 무엇인지, 언제 행복하고 기쁜지 끊임없이 스스로에게 질문하고 답해봐.

그래, 그게 바로 나다운 거야!

December

우리 부모님이 좋은 이유 3가지는?

20

. . . .

. . . .

20

. . . .

. . . .

20

. . . .

. . . .

꿈샘의
토닥토닥 말풍선

영원한 나의 든든한 내 편 우리 부모님♡
부모님이 좋은 이유를 적다보면 내게 얼마나 소중하고 감사한 분인지 새삼 느낄 거야.

December

산타 할아버지에게 받고 싶은 크리스마스 선물은?

20

20

20

꿈쌤의
토닥토닥 말풍선

동심으로 돌아가서 산타할아버지께 선물 받고 싶다.
앗! 올해 착한 일 많이 했어? 아직 늦지 않았어.

December

한 해를 보내며 내가 얻은 교훈이 있다면?

20 ....

....

....

20 ....

....

....

20 ....

....

....

꿈쌤의
토닥토닥 말풍선

한 해 동안 소소한 일상을 비롯해 친구관계, 다양한 경험과 배움을 통해 얻은 교훈을 떠올려보자.
이 교훈을 바탕으로 내년에도 파이팅!

December

올 한 해 내가 가장 잘한 일과 후회되는 일은?

20

20

20

꿈쌤의
토닥토닥 말풍선

잘한 일이 있다면 스스로에게 칭찬과 보상을!
후회가 되는 일이 있다면 반성하고 새해에는 그 후회를 만회해보기를!

December

나 자신에게 고마운 점은?

20

. . . .

. . . .

20

. . . .

. . . .

. . . .

20

. . . .

. . . .

. . . .

꿈샘의
토닥토닥 말풍선

가장 흔한 말인데 정작 나에게 자주 해주지 못하는 말 '고마워'

올 한해도 수고했다고 나에게 말해주자. 고마워!

December

감사의 마음을 담아 전화를 걸 수 있다면 누구에게?

20

20

20

꿈쌤의
토닥토닥 말풍선

**부모님, 선생님, 친구들에게 감사와 사랑의 마음을 표현해봐.
표현하지 않으면 알 수가 없단다. 자, 한 해가 가기전에 꼭 감사의 마음 전하기!**

December

올 한 해 기억에 남는 나만의 Best 5대 뉴스를 뽑는다면?

20

20

20

December

한 해의 마지막 날, 기록으로 남기고 싶은 말은?

20

20

20

Personal Information

Name

Birthday

Mobile Phone

Address

E-Mail